# 食に生きて

## 私が大切に思うこと

辰巳芳子

新潮社

# 食に生きて　私が大切に思うこと

目次

構成　佐藤隆介
写真　小林庸浩
装幀　新潮社装幀室

# 食に生きて

## 私が大切に思うこと

# 母のパン・ド・カンパーニュ

私が「料理」というものを切り口として人間を考えるようになった最初のきっかけは、やっぱり母・浜子の存在かって、よく尋《き》かれるんだけどね、わからないわね。料理そのものに対する基本的な姿勢がまず全く違うのよ。母はもうお料理することが好きで好きで、「ああ、美味しい……」と食べた人が喜ぶ顔を見るのが生き甲斐だった。

だけど、死ぬまで自分を料理研究家だなんて思っていなくて、「料理研究家ってどういう意味なの？　私あの呼び方気に入らない。あの言葉大嫌いなのよ」っていってました。「私は主婦ですよ。主婦だから家族のために一生懸命料理をする。ただそれだけ。でも、主婦ほど素晴らしい管理職はこの世に他にはないのに、だれもそれに気付いてくれない……」ともね。

私、いまになって、つくづく思うんだけど、私の母・辰巳浜子は料理人としてやはり稀有の人でしたよ。女の人でお鮨を握れる人はほとんどいないでしょう。母の握り鮨はほんとに美味しかった……。いま、母の握りに近くて私を満足させてくれるのは、仙台の「福寿司」の親方だけ。あの人の握りはいいわねぇ。もう東京ではどうでしょうか。

このあいだ、銀座の結構それと知られた鮨屋へ行って、がっかり。どうしてこんなまずい鮨飯で平気なのかなあって。

で、本来は主婦として毎日台所に立つだけの母が何故に料理の本など出すようになったかというとね、父が働いている大成建設の設計の方で笹川さんという方が、ある日、うちにいらしたんです。色々食べた後で五種類ぐらいの漬物が出て、それがあまりにも美味しくてびっくりしちゃったのね。

五種類ぐらいお漬物を盛り合わせるって、うちではごく普通のことだったんだけど、笹川さんは驚いちゃって、ご帰宅されてから奥さんに「辰巳君は毎日こんな美味しいものを食っているんだ」と。

その奥様が何かのデザインをされている方で、『婦人之友』で手工芸の指導をし

著者が再現した母・浜子のパン・ド・カンパーニュ

てらしたのかしらね、辰巳家の料理を取材して雑誌に載せたらどうか……という話になって、その頃は私たち名古屋にいたんだけど、うちへ『婦人之友』が取材にいらしたのがそもそもの始まりなの。

昭和三十年頃だったかしらね。それで段々と『婦人之友』に原稿を書くようになり、折角ならこの人に何か一冊まとめてもらうのがいいんじゃないかということになって、『手しおにかけた私の料理』が生まれた。

それが終わると次に『娘につたえる私の味』をもう一冊書いて、それから『みその本』を書く前に、今度は『家庭画報』がやって来て、『私の「風とともに去りぬ」』という本のために母に戦争中のことを取材したの。記者の人が面白い面白いと根掘り葉掘り母から聞き出した。

でも、疎開先の愛知県の田舎で、母がパン・ド・カンパーニュを日常的に焼いていたという話は出てこなかったわね。母は生まれてこのかたパン・ド・カンパーニュなんて見たことも聞いたこともなかったわけでしょう。だけど自分が育てた小麦を馬糧屋へ持って行って挽いてもらうと、馬の餌用の挽き方しかできないから、当然、粗い全粒粉になる。

母はその全粒粉を自分の手で値踏みしながら、この粉で何ができるか考えたのね。結局、それに塩と油を入れて、よくよく手で揉んで、水とふくらし粉を加えて、鉄鍋で焼いた。それで自然にパン・ド・カンパーニュができちゃった。

そのパンが一番役に立ったのは空襲のときですよ。空襲のときって全然火が使えない。何も食べものが作れない。そのとき防空壕に直径二十センチ・高さ七センチくらいのパン・ド・カンパーニュがあったら、その一個が生死を分かつことになるのよ。

どうしてだか母はあのパンのことをちっとも人にいわなかった。あれは凄いものだと思って、話題にして、母のパン・ド・カンパーニュを世に出したのは私かもしれないわね。

戦時色が濃くなり、配給が玄米になってそれを何とか効果的に食べさせようと思って、母は石臼で挽いてお団子にして焼いたりして、私が学校から帰ってくると母が臼を挽いていない日はなかったわね。それなのにパンを焼いた話も石臼の話も母は戦後、全然しなかった。何でかしらね……。

母のおばあさんが賢い人で、母がまだ小さい頃から、これはこういう風に扱わなくてはならないんだよ、と素材の一つ一つに対する約束ごとみたいなのを教えたのね。魚を煮たら昔は漆塗りの飯台みたいなのに並べていくんだけど、煮た魚をそこに並べながら、こういう風に心して扱わなくてはいけないとか、カステラは金気を嫌うから包丁で切らずに手でちぎるほうがいいとか……。

市場へ連れて行っては、山のような大根を見せて、あの大根は漬物に使う、この大根は煮て食べる、というような話をしたそうよ。蜜柑だったら、あれはうちで子供用にする蜜柑、こっちはお客さん用で、産地によって静岡産はこう、九州産はこうと、それぞれの特徴を小学生ぐらいの母の手を引きながら教えたのね。

それを聞いている八百屋のおじさんが「お嬢ちゃん食べてごらん」と蜜柑の皮をむいて一袋ずつくれる。その一袋のお味見で、きちんと素材別、使い途別の味を覚えてしまったというのは、やっぱり生まれついての一つの才能でしょうね、母の場合は。

味を決める――それを繰り返していると、判断力、決断力が磨かれて、しかも瞬時にそれを行使できる、そういう人間になっていくんじゃないかと思うわね。直感的にこっち、これって。母はその訓練が見事に出来ていたんだなと思う。持ち前っ

母が書き溜めたノート

てことがあった上にね。天分と訓練と、母にはその両方があったのよ。
だから、味を決めるとき、母はいつも「ん、これでいいでしょう」の一言で、それがとっても素敵でね。思い切りよく物事を決めるのは、女にはなかなかできないことです。

私が子供心にも忘れられない、鮭を品定めする情景があるの。私たちが「函館のおじいさん」といっていた人がいて、お歳暮の時期になると北海道から母の里に大きな箱が届いて、鮭と塩がぎっしり入っているのね。本当に、子供たちが五、六人入れるぐらいの木箱だった。

で、井戸端でその箱を開けて、一匹一匹、鮭の顔を見ながら、この鮭はどこへ、この鮭はだれにと、方々にお配りする鮭の品定めをするわけよ。それがとっても面白くて、その情景をよく覚えているの。

私なんか、せいぜい一、二回の記憶だけど、母は鮭に限らず年中そういう場面を見ていたろうし、何しろ大家族だったから見る食材の分量が普通じゃなかったでしょう。自分の家族だけではなく、書生とか爺やとかお手伝いさん、上女中に下働きといるわけだから。

まあ、辰巳の家へ嫁いでからは、ご隠居さんの家庭でしたからね、大量の食材で右往左往するなんてことはなかった。でも、目と鼻の先だったから、年中お里の面倒も見なきゃいけない（笑）。

それというのも母のお母さんは早く、まだ四十七歳で亡くなったんです。だから母は自分のお父さんと夫の面倒と、それに男の兄弟が三人、女の姉妹が二人、自分が一番上で、自分の子供が三人でしょう。

「私は子供八人と夫二人の面倒をずっと見てきたのよ」と、母はいってましたけど、いくらお手伝いさんがいても給食センターを一人でまかなっていた感じですからね。大変だったと思いますよ。

ところで、自分が育った家の味と、嫁ぎ先の家の味、その味の違いでお嫁さんが苦労するという話をよく聞きます。母のうちは江戸風の甘辛い濃い味。元が金沢の辰巳家は割合とさっぱりした味。でも母としては味加減なんて簡単〳〵でしたでしょうね。

もともと適応力というか柔軟性がある上に、何しろお舅さん、「造船大監」だった義父・辰巳一《はじめ》を心から尊敬していた母ですから、お舅さんがこの味はちょっとこ

大根の葉の菜飯

うして欲しいと……それを聞いたら「もうお父様の好きなように、お喜びになるように」と目一杯に尽くしたんですね。むろん、夫である辰巳芳雄も同じ金沢人ですから、それで文句なし（笑）。

あのね、私が思うに、父はもちろんのことですけれども、祖父も母の浜子みたいな弾みのある女が好きだったのね。三つ指ついて何とかいうタイプよりも。

弾みというのは、どう説明すればいいかな、たとえば父が帰宅して「今晩何だ？」と聞くと、すかさず「何でもあるわよ」と答える、そういう弾力性。母にはそれがあった。男って、そういう風にいわれたら、もう何でも存分に食べさせてもらった気分になっちゃうんじゃないの（笑）。

お酒の肴にお金かけるんじゃないのよっていうのが母の口ぐせでしたけどね。本当に何でもないもので美味しい肴を作っていたから、父はつねにそれで大満足でしたね。

具体的にどんなものかといえば、若布を火取ってパリッとさせたものに、さっぱりしたチーズを合わせる。

あるいは大根の葉っぱの一番外側のごわごわして硬いところを低温で素揚げにす

る。脱水させるように揚げて、からっとしたところで荒く砕いて、大根おろしをさっくり混ぜてお酢と柚子を振って、ちょっとお醬油たらして混ぜくって頂くのよ。これは結構美味しいと私が保証します。

大根の葉っぱぐらい美味しくて使い途の広いものはないわね。真ん中の葉っぱは細かく刻んで油で炒めて、お酒を振って鰹節入れて箸休めでしょう。一番芯のところは、さっと湯引いて細かく切って、塩振って温かいご飯に混ぜくって天下一品の菜飯でしょう。

葉っぱだけでも、こうして三通りにしていた上に、大根の皮は皮で佃煮にしていたから、皆さんがお使いにならない捨てる部分で四通りも美味しいものを作っていたんですよ。酒の肴にお金をかけるなというのはそういうこと。お金の代わりに頭を使う母でしたね。

自分がうちでうまいものを食べたかったら、ときどきは女房をちゃんとした料理屋へ連れて行って舌の教育をしろ、というわよね。母の場合は結婚するずっと前から、実のお父さんにあちこち美味しいところへ連れて行ってもらっている。小さい頃から魯山人の店へ行ったりしてるんだから、いわば舌の英才教育ね。

「浜子は料理が上手になりそうだから、早いうちからそれなりの店へ連れていって仕込んでおこう……」と、娘の持って生まれた能力を見抜いていたんですね。十六、七、女学校の三、四年になると、バザーのときのお汁粉なんか引き受けちゃって、百人分も一人で作ったと母はいってた。餡こ作らせたら私が一番と凄い自信を持っていましたよ。

私は粒餡より漉し餡が好きなんだけど、母が亡くなるちょっと前に、餡こを漉しながら「やっとわかったわ。どこまで小豆のアクを抜くかが」と。それが餡こをさらす場合の一番のキーポイントなんですね。

母がいうには「いまのいままで、さらして餡のほうを食べて決めていたけど、やっと今日、そうじゃなくて捨てるはずの水を味わって、それで決めるほうが確かだとわかったわ」。

最後の最後まで、そういう料理の技の追求に熱心な母でしたね。これが亡くなる直前のことですからね。母が亡くなったのは私が五十二のとき。母は七十三歳でした。

その朝、「お母さま、朝ご飯食べましょう」って母の部屋のドアを開けた瞬間、ふっと名状し難い空しさみたいなものがあって……母のベッドに近づいて行く前に亡くなっていることがわかりました。

母は五十代から心臓に問題があったけれど、でも気にしていなかったわね。いまの日本の女性の平均寿命からいえば、七十三歳はちょっと早過ぎるかもしれない。だけど死に方としては、こんな幸せな死に方はないと思う。

亡くなる一週間ぐらい前かな、母の教会のお仲間が「浜子さん疲れていらっしゃるから、みんなで葉山の修道院に行ってお祈りしましょう」といって、一晩泊まりだったかしら、黙想会を――お説教聞いてはお祈りをする、そういう集まりをしてくださったんですね。

だから、亡くなる前にそういう黙想会で仲間に会い、亡くなる前々日には懐かしい方々と会食をし、前日にいろんな人にお電話をして、それで亡くなったんですから。人間は、説明はできないけど自分があと何日で死ぬかわかっていて、そのようにふるまうという話、本当にそうなんだと私も思う。

一つ、いまでも思い出すたびに胸が痛む母の言葉があってね、ある日、「私は身体を使い切ってしまった……」ポロッと母がそういったの。やっぱり父が病気して

『娘につたえる私の味』発刊当時（昭和44年）

から、自分では無理だと思うことをずっとやっていたのね。

亡くなる少し前に二日続けて父の病院に行って、「これからの私の務めはお父さまが死を恐れないようにしてさしあげることだ」。そういう覚悟をしながら知らず識らずのうちに無理を重ねていたわけですよ。

「私は身体を使い切ってしまった……」

母のその一言が忘れられません。まあ、考えようによっては、自分の命を使い切るほど尽くせる男と人生を共にしたんだから、それは非常にうらやむべき女の幸せ、ともいえるかな。

つくづく思うことだけれども、こういう伴侶に恵まれるというのは男にとっても奇跡みたいなものでしょう。だから父の幸せの七十パーセントは母と巡り合ったことだと思う。

大学生の頃から、毎日のように二人は昼間どこかしらで会っているのよね。にもかかわらず、会ったことの感想をまた手紙でやりとりしているんですよ。二人とも亡くなった後、風呂敷に包まれた膨大な量の恋文が出てきたの。芳雄から浜子へ、浜子から芳雄お兄さまへ、もう両方から大変な量の恋文です（笑）。これぞ大正浪漫というのかなあ……。

昔の言葉に「比翼の鳥、連理の枝」というのがありますが、私の父と母はまさに比翼連理の仲だったのね。それが最初の出会いから亡くなるまで変わらなかった。

母が父のものを何か買うときはね、何でも必ず「一番いいもの」を買ったわね。タオルケットなんかでも極上の麻のタオルケット掛けていましたよ（笑）。定年で退職したらロッキングチェアを買っておねぎらいをするとかね。とにかく何でも一等いいものをそろえてね。

父と母は七つ違いでしたけど、父は母と一緒になってほんとに良かったんですね。二人ともまだ元気だった最後の頃、父は「おれはなんてことない。ゴルフができて、ビールが飲めればそれでいい」とうそぶいていたけど、それはああいう母がいたからこそで、母があんな風でなかったら、あんなに淡々でいられたかしら（笑）。


【辰巳浜子】

料理研究家。一九〇四（明治三十七）年、東京・神田に生まれる。香蘭女学校卒業後、辰巳芳雄氏（大成建設）と結婚し、一女二男をもうける。

家庭料理、もてなし方が知人の口づてで評判となり、婦人之友社の取材を受けたのをきっかけに各婦人誌、まだ初期のＮＨＫテレビ「きょうの料理」などに登場し、料理研究家のさきがけとされる。一九七七（昭和五十二）年、七十三歳で逝去。著書に『手しおにかけた私の料理』（婦人之友社）、『私の「風と共に去りぬ」』（南窓社）、『娘につたえる私の味』（婦人之友社）、『料理歳時記』（中公文庫）ほか、芳子氏編による共著も。

【辰巳一】

一八五七（安政四）年生まれ。藩校同生館、横須賀製鉄所学舎から明治十年フランス海軍造船造機大学に留学。帰国後、横須賀造船所御用掛となり十五年海軍省主船局入局。佐世保海軍造船廠長などをつとめ、三景艦「厳島」「松島」「橋立」の軍艦建造、「水雷艇」の設計・建造などに尽くす。大佐で退官後も民間の造船発展に貢献した。一九三一（昭和六）年死去。

# 私の出自

もともと、うちは侍の家系なんですね、辰巳家のルーツをたどると。安土桃山時代の武将に前田利家という人物がいて、尾張の出身ですが、信長・秀吉に仕え、秀吉没後はいわゆる五大老の一人として秀頼を助けた。この前田利家が加賀へ封じられて加賀百万石の藩祖になったとき、尾張から利家について行った側近十五人衆の一人が辰巳家のご先祖なのよ。

だから加賀の前田家の祈願所である鶴林寺というところに、うちの先祖代々の墓があるの。ここは前田家のためにお祈りするお寺なのね。前田家代々のお位牌と、代々の和尚さんのお位牌、それに十五人衆のお位牌がある。

そういう武士の家系だから、うちの連中って祖父も父も、私の弟たちにしても、みんな非常に寡欲なのね。自分のために何々をという頭が欠落しているんです

（笑）。父もそうだったけど、弟たちもすべて「会社のために」で、それで母は「うちの息子たちを雇った会社はほんとに得しているねぇ」って、よくいってましたよ。

私のすぐ下の弟、辰巳一雄は、大倉商事にいたんだけれど、当時はだんだん振るわなくなったのね、会社が。でも、「だれが辞めてもおれは辞められない。だれが見捨ててもおれは見捨てられない」と。やはり、主家に仕える家風というのがあるんでしょうね。

とにかく自分のためにという欲がない。まだ中学・高校の若い甥たちを見ても、不思議に寡欲なんですよね。だから、これは辰巳家に代々伝わる血のせいだろうと思う。

母のほうは面白いですよ。母方の祖父は阿部又三郎といって、新潟の回船問屋の末息子だった。息子たち一人ひとりに船を与えて商売を競わせたという、根っから商人の家系です。だけど一夜にして没落したの、時化に遭って。

いっぺんに息子たちも死に、船も沈み、積荷も全部ダメになった。それに船の乗組員たちももちろん死んじゃったから、その人たちの遺族のために全財産を投じて面倒を見なければならなかった。で、一晩で何もかも失くして没落した家なんです。

そういう家の娘ですからね。母の気質のなかには「何々に賭ける」という意欲がつねにあった。それは父の持っていないものでしたね。

そもそも回船問屋というのは、一種の移動商事会社みたいなもので、うまく当たれば巨万の財をなす反面、嵐に遭えばそれまで。そういう大博打が土台でしょう。その血が母には流れていたから、何とすごい株好きで、死ぬまでずっと株をやってたんですよ（笑）。

それも素人がちょっと遊び半分になんていうレベルじゃないの。終わりの頃には、もう先が見えなくなったって母自身がいっていたわね。簡単なお金じゃなくて、考えられないぐらいのお金を動かしていたのよ。

そうして、ある日、野村證券の人が真っ青な顔してやって来たんですよね。そのあと父と母がひそひそと話をしているのを、私は台所の隅で聞くともなく聞いていて、何だろう、どうしたんだろうと思っていたの。

話が終わると、父が台所にいた私のところへ来て、「おれの退職金と同じぐらいだったよ」といったのね。ああ、それだけ株で失敗したんだなって私にもわかった。とんでもない額の損失だったわけですね。

そのときの父がね、私は男って大したものだなって思ったんだけど、母に一言のおさらいもなかった。二人のやりとりの中におさらいをする雰囲気は一つもなかったわね。考えてみれば父も凄いけど、母も大したものよね。それから後も母は株をやめなかったっていうんだから（笑）。

父がそういう人だったから、母はああいう風にやれた。

でも母は母でそれなりの気遣いをちゃんとしていて、たとえば、自分が料理研究家の原稿を書く姿は絶対男には見せない、といっていました。男を萎縮させるからって。

だから母が原稿を書くのは、父がいないときとか、まだだれも起きてこない朝早くとかでしたね。いろんな撮影も父が帰って来る前に全部終わらせて、きれいに片付ける。そしてきちんと父のために晩ご飯を調えて待つ。

でも、ときには撮影が延びて、延長戦になってしまうこともある。そういうときは出版社の方も写真家もみんな一緒に、ここで大酒盛りですよ。大変な飲み助の写真家もいたりして、結構楽しく盛り上がっていたわね。

晩ご飯の仕度をするときに、母は「男ってものは……」ということをよくいって

在りし日の父・芳雄と母・浜子

いました。男には小松菜のおひたしなんて、女子供用の野菜のおひたし食べさせちゃダメ、と。男の食べるおひたしは必ず根三つ葉とか芹とか、香りのあるものでなきゃいけない。これが母の持論でしたね。

男ってものは、晩ご飯ともなれば、いきなり素面で、焼き魚で白いご飯なんていうことはあり得ない。まず、唐墨とか、このわたとか、そういう珍味でとりあえず、一杯やる。それでいい心持ちになったら、それから主菜でしょう。

祖父も父もそういう日本男児で、母が祖父や父のために必ずそういう晩酌のための珍味を用意していましたからね、私は男のための何か一品がない食膳なんて考えられないのよ。

それがいまや私の甥たちなんか見ていると、私の祖父や父が当たり前にしてもらっていたようには構ってもらえないのよ。

サラダとスパゲティとハンバーグで、晩ご飯は十五分でおしまい、という近頃の若い人たちの話を聞くと、気の毒に感じます。これじゃ日本の男たちはダメになります。気の毒ですよ。唐墨もこのわたも晩ご飯のときに出てこないなんて。そういう珍味にこそ〝男に必要なホルモン〟が全部あるんだから。

ここで私の出自という話にもどると、辰巳家の辰巳芳雄と阿部家の阿部浜子がどういう縁で結婚することになったのか、それを説明しておかないといけないわね。

東京の山手線の目黒と恵比寿の間に長者丸というところがあって、そこは一帯全部が吉田さんという地主さんの土地だったの。吉田さんは大した文化人で荻江節とか日本の古曲をお守りになった方だそうです。有名な日本画家・速水御舟のお舅さんにあたるの。吉田さんのご長女が御舟さんの奥さん。吉田さんのお家に速水御舟の画室がありましたよ。

単なる大地主ではなく、本当に文化的な眼のあるパトロンともいうべき人物だったのね。その吉田さんの長者丸に私の祖父が借地をして家を建てたの。そうしたら、母の実家がそこから五分ぐらいのところだったわけ。いわば同じ長者丸の住人同士よ。

母は女学校に入るか入らないかまでそこにいたでしょ。父は麻布中学ぐらいか、早稲田（大学）へ行っていたときくらいかまで、そこにいたんですね。

長者丸という土地では、そこに住む人たちがまるで一つの親戚みたいにしてね。父たちもその辺の仲間たちを「ちゃん」付けで呼んでいたし、それからその辺の息子たち、つまり三代目にあたる人たちも「ちゃん」付けしてね。

長者丸というところが楽しくあるように、良い町であるように、助け合ったというか協力し合ったというか……いまの都会人の人間関係からすると夢のような、そういう気風にあふれる土地柄だったのね。だからみんなお互いに、向こうのお家のことは知らないなんてことはなかった。

そういう環境で、母は「芳雄お兄さん、芳雄お兄さん」といって、父のほうは「浜ちゃん、浜ちゃん」といって、まあ行き来していたのよね。とっても気が合って。

父はすごいスポーツマンで、ラグビーとボート両方共に正選手だったから、母は父が隅田川でレースをするときは必ず見に行って、ボートについて土手の上をはかま姿で走ってたという話よ。それから母の弟たちは慶応だったから、ラグビーの早慶戦ともなれば、母は慶応のスタンドで早稲田を応援したの（笑）。

……というような関係でございましてね。まあ、まわりじゅうが認めている公明正大な大恋愛の末にめでたく結婚し、そして一九二四年十二月一日、この私がこの世に生まれ出たというわけよ。ああ、やっとこれで私が誕生するところまで来たことになるわね。

　で、私の中には父の辰巳家の血と、母の阿部家の血が流れているのだけれど、どちらかというと辰巳家のほうの血が濃い感じかしらね。なぜそう思うかというと、たとえばどんな場所でどういう人に会っても、相手の前でたじろぐ経験が全然ないのね、私は。それは血の力かなぁと思う、侍の辰巳家の。

　どういう場合でも、自分がしなくてはいけないのは何かと考え、あ、これはやらなければと思ったら、それしか私は頭にないの。うまくやって褒められようとか、有名になりたいとか、そういうのがまったくない。

　そのせいかどうか、私って上がらない人なんです。絶対に上がらない。ドキドキするとか頭の中が真っ白になるとか全然ない。

　これは思うに、侍の家では、女であってもうろたえちゃいけない訓練というものが何よりも前にあって、それを代々積み重ねて神経を鍛えぬいてきた歴史があるのよね。

　おっかさんがうろたえちゃったら侍の子は育たない。どんなことがあっても現実そのものを全部的確に受け止める、それができなければ侍の家のおっかさんは務まらないでしょう。だから男だけでなく女も等しく、侍の家ならではの心構え、わきまえというものがあったと思うんですね。

そういう侍の家の血が流れているから、まわりがどうあっても泰然としていられる。だけど、そんな自分を「私って冷たい人間なのかな……」と思わないでもないのね、ときどき。私はね、うれしいことも悲しいことも「おでこの前を通過させて行く」という感情処理法をするらしいですよ。

だから、色んな悲しいこと、絶望的なことがあっても、悲嘆にくれて茫然自失ということはない。逆に、うれしいことも、むろん非常にうれしいとは思っても、それで有頂天になったりとかは全然ないの。悲しみも、喜びも、悲しんだり喜んだりしながら、このおでこの前を自然の成り行きとして通過させる。このような感情処理、ご先祖さま方のおかげでしょうね。

これはやっぱり、いつでも「死」というものに対する覚悟が根本にあって、だからこそ、その日その時を一所懸命に生きなければならない……そういう侍の家の血なのかなぁと私は思っているの。

祖父・一が歩き始めの著者を描いた絵

# 造船大監・辰巳一のこと

二十一世紀のいまでは先端技術といえばコンピューター技術や遺伝子工学を思い浮かべるでしょう、だれでも。では、いまからおよそ百五十年近くも前の明治維新の頃、文明開化に踏み出した日本にとっては何が最も重要な先端技術だったかというとね、それは造船技術ですよ。

もっとはっきりいえば、軍艦を造る技術よね。諸外国の圧力から国を守るためには、どうしても強力な軍艦を自力で造る必要があった。それも早急に。

それで横須賀に大型造船所が建設され、それと一緒にフランス語学校も設立されたの。何故フランス語かというと、当時、最も熱心に日本を指導して科学技術を導入してくれたのはフランスだったから。

理工系の教育でフランスの「エコール・ポリテクニーク」は世界的に定評がある

でしょ。その教育課程を日本へ直輸入して、猛特訓で技術者を育てようとしたの。もちろん授業は全部フランス語でね。

明治三年、はるばる加賀の金沢から横須賀のフランス語学校へやって来た十三歳の少年辰巳菊太郎が、驚異的なスピードでフランス語と西洋高等教育を習得し、明治十年から官命でフランス留学して当時最新の材料力学や造船学を学び、やがて近代造船学における日本人最初の先端技術者になった――これが後の私の祖父・辰巳一なんですよ。

加賀藩は早くから藩校に付属する語学所というのを設けてね、優秀な生徒を選んで語学の特訓をしていたの。英仏から教師を招いて。そこの三十人の生徒の一人が私の祖父だったわけ。だから十三歳の少年ながらすでに多少のフランス語の基礎はできてたんでしょうね。

それにしても凄いと思う。祖父がというより、その頃の日本人は、ということ。

私は関東大震災の翌年の大正十三年生まれで、祖父は昭和六年一月に七十四歳で亡くなっていますからね。祖父の最晩年をわずかに共にしているだけ。

それでも祖父について色んなことを私が知っているのは、父から聞いた話ももちろん少なくないけれども、祖父自身が実に几帳面で多くの記録を残しているからなのよ。絵も非常に上手で、楽しい絵日記や絵手紙をいっぱい遺してくれました。

その一点に、二十歳を過ぎた辰巳一が正装で山高帽をかぶっている姿があってね。それにはこんな一文がついているの。

「明治十年、沸国留学を命ぜられ、十一年セルブール造船専門学校入校、同十三年同校卒業後、実地見学として尚一ヶ年遊歴的旅行見学せり。その際、沸国巴里府萬国博覧会の開催せられ、巴里に滞在二ヶ月。茲に於ける其頃の姿にして中々ハイカラなりしならんを証す」

その自画像を見ると、ヒゲなんか生やしてステッキ片手に、確かにハイカラよ(笑)。祖父の業績を世に紹介してくださった小野雄司さんの『日本人最初の先端技術者　辰巳一造船大監――数学と近代造船学――』(研成社)という御本があってね、その一ページにわが祖父のハイカラ姿が載っています。

フランスで造船技師の資格を取って帰国すると、祖父はすぐに横須賀造船所御用掛になり、明治十五年からは海軍省主船局に勤務して軍艦の建造、修繕に従事します。だけど、私が思うに、祖父は仕事を進めるのに本当に困ったろうなあ、と。それ

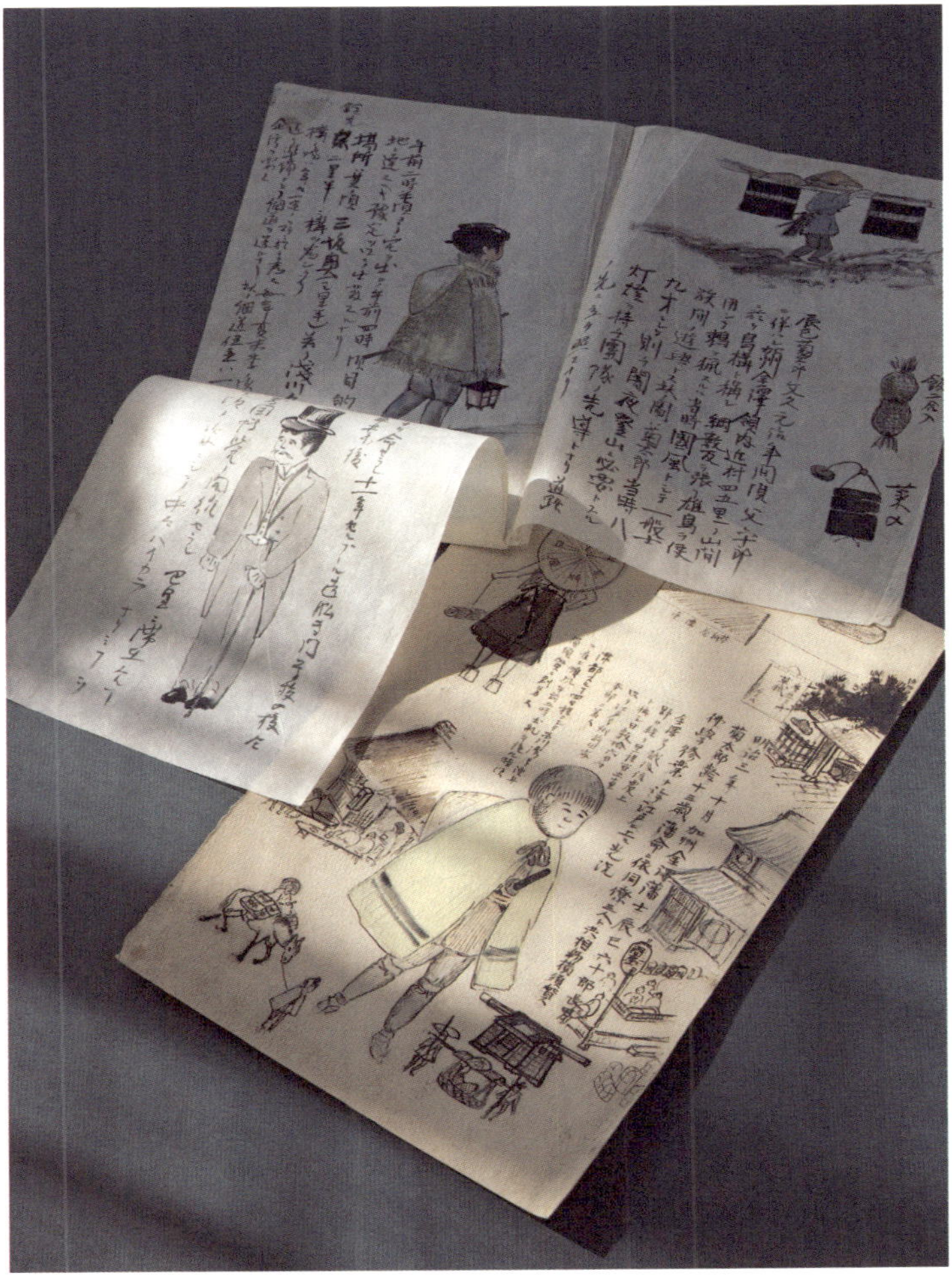

祖父・一が残した貴重な自画像の数々

というのも機械の部品の一つ一つや技術の名称は、どれもこれも全部、祖父の頭の中にはフランス語で入っているわけでしょう。当時の日本にはまだ機械工学の字引なんてないし、翻訳して伝えるにも対応する専門用語そのものがないんだから、いちいち言葉を作らなきゃいけない。

それを考えると、帰国してから人に指図をして仕事をさせるのがどんなに困難だったか……察するに余りがありますね。まァ工学だから、文学のようなニュアンスとかなんとかいう必要がなく、その分まだ訳しやすかったとは思うけれどもね。

祖父は明治十九年から海軍省の命令でまたフランスのツーロン軍港へ出向し、やがて日清戦争で活躍することになる新造艦「松島」「厳島」「橋立」の建造にとりかかります。最初の一年で三艦の膨大な量の設計仕様書を書き上げているの。

それを見て「とても人間業とは思えない。寒気がした」っていう方があった。いまみたいに計算機やら何やら機械の力を借りてやるんじゃないんだから。いまならコンピューターがあっという間に描いてくれる図面を丹念に羽根ペンで書くんだから。

で、日本政府に出す仕様書を仕上げた後、祖父はそのままツーロン軍港で六年間、「松島」と「厳島」の建造監督を務め、現地でただ一人の日本人として、フランス人の技術者や労働者を指揮して二艦を完成させます。もう一隻の「橋立」はツーロンでなく横須賀で造られたの。

この造船監督官としての業績に対して、フランス政府はシュヴァリエ・ド・ラ・レジオン・ドヌール勲章を祖父に授与しました。それが明治二十三年のこと。ちなみに、後の三十四年には、同じレジオン・ドヌールでももっと格が上のグランドゥール勲章も祖父は受けているんですよ。

明治二十五年、「松島」と「厳島」の完成を見て帰国した祖父は、直ちに神戸小野浜造船所の所長に就任し、今度は間近に迫りつつあった日清戦争へのもう一つの備えとして「水雷艇」の設計・建造に心血を注ぐことになったの。

「松島」「厳島」「橋立」はどれもフランス人の造船学の権威ルイ＝エミール・ベルタンの基本設計によるもので、海軍に予算がなかったから思う存分鋼鉄を使うことができなくて、キルク（コルク）も使っていたんですね。敵の砲弾が当たってもキルクの作用でシュッと締まって、水が入ってこないように工夫した。当然、全鋼製の軍艦に比べて軽くなるわけよ、キルクを使ったぶんだけ。

そうなればバランスの法則で、搭載できる大砲の大きさもそれなりに制限される

祖父・一が持ち帰ったテーブルクロスに映える勲章

ことになる。にもかかわらず、海軍は着弾距離を延ばしたいばっかりに、もっと大きい大砲、もっと大きい大砲と無理な要求をする。

結局、海軍の命令には逆らえないから、バランス無視の大きすぎる大砲を搭載して、だから一発撃ったら船そのものがグラグラ揺れて、しばらくは二発目が撃てないのよ。そういう欠陥が「松島」にあることを祖父自身はよくわかっていた。

そういうわけで祖父は、軍令部があしろ、こうしろと口出しをしてこない小さな水雷艇の開発に全力を傾注し、十数隻を完成させたのね。

やがて明治二十七年八月一日、日清戦争が始まり、九月十七日の黄海海戦で日本は強敵清国を打ち破ってバンザイ、バンザイ。その勝利は「松島」「厳島」「橋立」のおかげということになっているけれども、日本が勝ったのは実は小回りのきく水雷艇があったからこそなんですよ。

そのあたりのことを、『辰巳一　造船大監』の中で著者はこう書いていらっしゃいます。

「黄海海戦で敗北した清国海軍北洋艦隊は、威海衛湾内に退いて広い湾口を防材で閉鎖した。

日本海軍は15隻の水雷艇による突入作戦でこの封鎖を破壊し、湾口を防衛する清国艦隊を攻撃して航路を開き、日本軍艦隊を湾内に進入させた。北洋艦隊海軍提督丁汝昌は降伏し、水雷艇の活躍を突破口にして日清戦争を終結に導くことができた。(中略)原動力となった水雷艇の10余隻を設計建造した辰巳一氏の功績は計り知れないのである」

でもね、黄海海戦で松島が揺れに揺れて、思うように大砲が撃てなかった。そのことについて軍令部は自分たちが発した命令に原因があるなんて絶対に認めませんからね、みんな祖父の責任にかかってきたんじゃないかなと思う。祖父としては本当に辛かったろうと思いますね。

海軍の人たちと一緒に写っている写真があるのよ。みんながカメラに向かってお行儀よくしている中で、祖父は一人だけちょっと横を向いて、帽子をわざと少しあみだにかぶって……ちょっと憮然としたように座っている。必ずしも反りが合ったわけではない軍令部を相手に仕事をしなければならない祖父の胸の中はいかばかりだったか。それを思うとねぇ……。

きょうは祖父・辰巳一のことを聞いていただきましたから、ちょっと縁のあるも

海軍時代の祖父・一（前列左端）（上）
晩年の祖父と著者（下）

COMPAGNIE DES MESSAGERIES MARITIMES
MENU
PAQUEBOT
DÉJEUNER
HORS-D'ŒUVRE
PLATS DE CUISINE
DESSERT
CAFÉ
DINER
CAFÉ

祖父・一が洋行から持ち帰った品々。右頁／船上のメニュー。左頁／ワイングラス（左上）・蠟燭立て（右上）・スタンド（左下）

のを少々お目にかけましょうね。

　あの時代はスエズ運河を通ってヨーロッパに往き来したんでしょう。もしかしたらアフリカの先を回って行ったのかもしれないけれど、これはその船旅のときのメニューなんですよ。とても珍しいものだと思う。

「一八九二年」と記してあるから明治二十五年、長い苦労のツーロン軍港での仕事をようやく終えて日本へ帰るときの船旅ですよね。コックが書いてくれたのか、祖父が自分で書いたのか……どっちだろうなあと見るたびに思うんですけど、やっぱり祖父自身かな。きれいでしょう。面白いでしょう。

　祖父は生涯を造船技術者として過ごしたけれども、本質的にアーチストでありデザイナーでもあったのね、ただ船を造るだけのエンジニアじゃなかった。だから若いときにフランスから持って帰ってきたものが色々あるけど、どれも本当に美しい、良いものを選んでいるわね。

　祖父が使っていたテーブルクロスはウールでできていて、赤と黄色の房がついていて、それはきれいよ。いまのフランスではもうできないでしょうね、これだけのものは。蠟燭立ても本当に素敵なのを選んで持ち帰っていますね。

それからこれは祖父がいつも枕元に置いていた電気スタンドで、本来は立ち上がりが別のガラスでもっときれいだった。でも壊れてしまってこうなったんだけど、いつでも必ず枕元に置いてありました。

フランス時代に使っていたのを、愛着があって持ち帰って、亡くなるまで使い続けていたのね。このスタンドを頭にして、祖父と手をつないで私は寝ていたの。

祖父が亡くなるとき、私はまだほんの子供だったけれども、どうしてだか臨終にあたって祖父が紙にブドウ酒の名をフランス語で書いてね、グラスと白ワインを持ってくるようにと命じたのを、まるで昨日のことのように覚えているのよ。グラスの図柄まではっきりと。

お医者様や、色々とお世話になった方々を臨終の場に招いて、そのグラスで皆さんにワインをふるまって乾杯してね。私たち家族一同はじっとそれを見守っていました、病室の片隅で。祖父自身もワインを一口でも飲んだのかどうか……それは覚えていない。

こんな洒落た別れの告げ方をした人って他にいるでしょうかねえ……。侍の心に祖父らしい表現を加えた、忘れがたい別れの場面だった。

# 私に流れる「辰巳」の血

私の父・辰巳芳雄と私の母・阿部浜子は大正浪漫を絵に描いたような大恋愛の末に、まわりじゅうの祝福を受けて結婚した……という話は前にしたわよね。その若い二人をすぐそばで見守って、いつも一所懸命応援していたのは他でもない辰巳一さん、つまり祖父だったのよ。

いつか機会があったらお目にかけるけど、祖父は結婚した二人のために色紙を描いているんですね。その絵は、自分の息子がヨーロッパの牧童の格好をしているの。それで母のほうは、ほんとはその頃は束髪というひさし髪にしていたのに、絵の中ではちゃんと束ねた頭になって後ろに髷をつけて、スカートとブラウスになっている。で、ちょっとおしゃれな籠を持ってね、牧童姿の父にくっついて歩いてるんですよ。

着物姿以外は見たことがないはずなのに、スカートとブラウスの母を描いている。牧童姿の息子にしても全部が祖父の想像でしょう。そこがユニークね。そしてこの色紙に「行くまでの道は長かれど末の楽しみを思えば」という言葉を添えて、息子夫婦に進呈しているのね。

母がいうにはね、「これから先、長い年月の間にはいろいろあるだろうが、芳雄はいいやつだからお前は必ずしあわせになれるよ」とお義父《とう》さまにいわれたって。だから、どんなことがあっても私はお義父さまを念じて生きてきたのよ、と母はいっていましたよ。

それというのも、実は、父の女きょうだいの中に一人、ずば抜けて意地の悪いのがいたんですよ。父のお姉さんね。この方は加賀百万石の前田家のお姫様のご学友だったの。

だからもう物凄く気位が高くなっちゃって、でもそれにもかかわらず、というよりはそのために最初の結婚も二番目も「これはダメ」とすぐ帰ってきて、結局、三回結婚しなくてはならなくなった。

三回目に嫁いだのは随分年の離れたお年寄りのところでね。そんなことで色々と、もう自尊心もなんたらかんたらも、すっかり傷ついてしまったのね。その女性がすぐお隣に住んじゃったから大変！　箸の上げ下ろしまで、私たち子供まで、いじめられちゃったんですよ。

それでも、お舅さんが生きている間は、まだよかったのね。祖父が防波堤になってくれたから。祖父が亡くなったあとは、私たちは丸裸みたいなもので、とことんその伯母さんのイジメを被った。

他のおばさんたちはみんなとってもお人よしでよかったけれどね、あの父のお姉さんだけはねえ……でも幸いなことに途中で没落して、遠いところへ行ってくれたの。それで、ああよかったって（笑）。

祖父の辰巳一は最初の奥さんがチフスで早く死んだの。で、二度目の奥さんもまだ三十七歳の若さで、たくさんの子供を置いて肝臓癌で亡くなったの。だから三度も結婚しているのだけれど、色々大変だったでしょうね。

私が知っているおばあちゃんといったら、三度目のその方。その方は京都からお嫁に来ていて、台所にはあまり立たないのね。で、子供たちが育つ間は、祖父のお父さん、私から見れば曾祖父《ひいおじい》さんが結構台所で腕をふるったんですって。

安重おじいさんと呼ばれていた曾祖父はお茶人で懐石にも詳しくて、だからお料理も素人じゃなかったのね。常日頃はあまりしなかったみたいだけど、伝統に則った行事食となると安重おじいさんが全部取り仕切ったみたい。

行事には決まりのお料理だけではなく、家の飾りつけなども必要になるけど、曾祖父はたとえば「お雛祭り」だったら、桃の花を天井からずっと提げて、紫の幕をこう張って、雛壇を自分で組んでお雛様を飾って……それを全部一人でやっていたわけ。

もともと前田家の殿様に仕えて祐筆（藩公の書記を務めた職名）みたいな役を務めていたのね。だから年中行事のいろいろなしきたりも、それに欠かせない道具立てやお料理も、なんだろうとよく知っていたんですね。とっても静かな人だったらしいですよ。大男だったというけど。大きな声出すことは絶対になかったそうです。

そしてこの曾祖父は、一生袴を外さなかった。

毎朝起きると、殿様の写真が飾ってあるところまで膝行で、殿様の御前に出るのと同じかたちでそこまで行って、きちんとご挨拶をし、それから観音経をあげ、写経をする。こうして一日を始めるのがならわしだったそうです。

とにかく現代の人間からは想像もつかないような、すっごくお行儀のよい人だった。亡くなるときは一週間ぐらい何も食べなくていいといって、最後に息子に「あなたのソップを頂戴したい」といってね。多分、ポトフのことじゃないですか。そのスープを飲んで、「ああ、大層結構でございました」って亡くなったって。ちゃんと自分でお小水を取って、それを渡して。お行儀がいいのもそこまで行くとねえ(笑)。

この曾祖父さん、若いときから書くのが得意だったようで、たくさんの記録を残しました。まあ、一生それが仕事みたいなものでもあったわけよ。

私が思うに金沢のある階級の人々は見たり聞いたりしたことを一つ一つ、ちゃんと的確にサマライズして短い言葉にして表現する、そういう訓練ができているのね。つまり、普段から頭の中がそのように整理されていたんじゃないかな。

曾祖父の書いたものは、いまでも実際に自分が使えそうだなと思ったものだけ、ちょっと取ってあるんですよ。お茶のお点前を書いたものとか、お香のお点前とか。それを見ると、きちんと順を追って、ちゃんとお道具を書き写して、次に何を、その次に何をというのが、とっても読みやすい字で書いてあるんですよ。さすが御祐筆という感じね。

そういう曾祖父がいて、その息子に明治の日本近代化を担った造船大監・辰巳一がいて、その次に私の父・辰巳芳雄がいて……そこに連綿と受け継がれてきたのが辰巳家の「侍の血」でしょう。そのことを考えると、私という人間を動かしている原動力もやっぱり同じ侍の血なんじゃないかと思う。

同じ料理の道を歩んでいるから、私はいつも「あの母ありて、この娘あり」と、母・浜子の二代目のようにいわれるけれども、私の中に流れる血のDNAは、どちらかといえば武家の辰巳のほうが強いような気がする。

私が父を思い出すたびにありがたいなあと思うのは、いつも父が口ぐせのようにいっていた「人生は簡潔に」という戒めです。これが父のモットーでした。不動の信条といってもよいでしょう。

そのモットーに忠実に生きようと思ったら、何よりも「正義」と「平等」を大切にしなければならない、と耳にタコができるぐらいにいわれました。実際に父はだれに対しても、相手がどんなに偉い人であれ、まったく無名の一介の現場の労働者であれ、つねに同じ正義と平等の精神で接していたと思います。

建設業界にいて「人生は簡潔に」というのは、現実にはなかなか難しいことだろうと思うけれど、父はこういってました。

「絶対に政治家と人気商売の人間には近づいてはならない」

商売のことを考えると、政治家や人気者に近づいて利用しようというのが、ビジネスの当たり前のようになっているでしょう。それを父は頑として拒んだ。だから、どこをどう叩かれてもホコリはまったく出なかったわね。これは建設業界一筋に生きた人間としては極めて稀なことだと思います。そういう父を持ったことが私の大きな誇りです。

父の会社のお仲間で俳句を詠む方がね、父が亡くなったのが二月だったから、

「胸の中　梅花を満たし　逝かれけむ」

という一句を贈ってくださったの。とっても父をよく知り、よくわかっていてくださったんですね。

その父、辰巳芳雄の娘でありながら、私、あまり父の影響を受けていないかと思っていたんですね、ずうっと。

だけど、いまはしみじみ思うの。私がいまこうやって一つのこと、人はなぜ食べ

ていかなくてはならないのかとか、だれもが考えても仕方がないと思うことをずっと考え続けていられるというのは、「人生は簡潔に」といった父の生き方に通じるものが私の中にあるからだ、と。やっぱり私は辰巳芳雄の娘なんだと実感するようになって、この頃、私は一人で喜んでいるのよ。

私はね、自分のほうから何とか世に出たいと思ったことは、ただの一ぺんもない。自分のほうから求めて仕事を探したことも、わざわざ仕事を作ったことも、ない。ただ、私にめぐってきた仕事だけ、神様が「やれ」とおっしゃった仕事だけを、ひたすら真面目に、自分にできる精一杯にやってきたんですよ。その積み重ねが現在《いま》の私になっている。

友人と一緒にスープ三十人分を作って、老人施設に届ける、そのボランティアの仕事を何年も何年も続けました。もうずいぶん昔のこと。それが一つのきっかけで「スープ教室」が生まれ、「スープの本」ができた。すべて自然の成り行きですよ。

そういう私の生き方は、やっぱり父の影響を色濃く受けているんだなあって、いま改めて「お父様、ありがとう」っていいたい気持ちです。

【スープの会】

一九七二（昭和四十七）年、父・芳雄が脳血栓による嚥下困難に陥った折、母とともに日々スープを持参し看病にあたる。父の逝去（一九八〇年）後も、父の命を繋いだスープの大切さを、地元クリニックで週に一回、三十人のお弟子たちとスープサービスをして広める活動が約四年間続いた。その後も「辰巳芳子スープの会」として、「反復することで手についた仕事になる」との芳子氏の信念のもと、三年を目標に続けられる生徒限定でスープ教室を開催（現在は待機者多数のため生徒募集はしていません）。

# 先生運のいい私

私は昨年の十二月一日で九十歳になりましたけれども、まだ何とか働いている……これは私の弟たちにしてみれば、「とても信じられない」思いでしょうね（笑）。私が働くようになるなんてまったく思っていなかったんだから。

それというのも私は長いこと、ただただ寝ていましたからね、若い頃。弟たちばかりでなく親戚中で「芳子《あれ》は見込みがない」と私を見放していました。

病気になったのは二十四か五か……それは実は二度目で、一度戦争中に微熱が続いて治らないということがあったんです。でも、それはそれで過ぎて、今度は国立教育研修所の実験保育室というところで働き始めて、面白い勉強を一杯させてもらったんですけれど、そこで肺浸潤だっていわれて……。

だけど、それもしばらくして治ったんですね。

で、もう治ったんだからいいかなって思って、心理学を勉強したくて慶応に入って、大満足の日々だったんだけど、三度目の正直というか三度目の不正直か、このときは発見が遅くなりましてね、お医者さんの見落としがあって。

一応、いままでのことがあるから、毎月お医者さんに行っていたのにね。四月頃から咳が出ていて、そうして夏が過ぎたら、「あなたの咳は結核の咳です」っていわれた。咳が出るぐらいの結核になると病気に勢いがついちゃってるのね。それが二十四、五の頃。それから十年はほとんど寝たきり。そのあと五、六年は寝たり起きたり。

専門のサナトリウムのような所に入ったのではなく、ずっと家にいて段々慣らすようにやってました。あの当時、結核といったら、現在の癌以上の大病ですよ。ペニシリンだ、ストマイ（ストレプトマイシン）だというような特効薬がやっと出たばかりで、その使い方がまだはっきりわからない。戦後間もない頃の話ですからね。

私が働きに行った教育研修所というところは、戦争の生き残りばかり。あるいは病気持ちで戦争に行かなくて済んだ人で、午後になると熱を測っている人が多かったわね。

古い古い空洞のある結核を持っている人というのは、自分はその病気に多少慣れて折り合っているけれど、人には移すんじゃないでしょうかね。

ま、そんなわけで十年も寝たきりで、その後も寝たり起きたりだったから、親戚中で、「あの子はもう見込みがない、使いものにならない」って（笑）。

だけどね、私自身としては、そんなにひどく病んだっていう感じはあんまりないのね。ただ、いまでも結核がなんかいたずらしたところがあるんだなぁと思うのは、長く働くと必ず背中が痛くなるんですね。下手したらカリエスにもなったかもしれない。でもならないで済んだ。

レントゲン写真を撮って見ると、肺の右の上葉は全部つぶれてしまって、ないんですね。それの代わり葉間肋膜といって二番目の、上中下と分かれているらしいんだけど、その上中の葉間肋膜が引っぱられて弓型になって現れる。で、下はその分だけ上がって、肺の寸法が少し足りないっていうの。でも、どうってことありませんね、手術も結局しなかったし。

考えてみるとね、やっぱり私の体力がものをいったんじゃないかしらね。他は削っても飲み食いする分は削らない、そういう食べ方をしてきたから、病気になったときに抵抗力があった。治りかければ早いって医者も感心していましたよ。

若くて十年も寝る羽目になったときは、ひたすら本でも読むしかないわけだけれども、午前中は本を読んでもいけない時間というのもあったわね、はじめのうちは咳で咳で、それがおさまるまで大変でしたね。最近は咳で咳で、なんていう結核患者はほとんどいないんじゃないですか？

でもね、いまにして思うことかもしれないけど、病気になったことにもそれなりにありがたい効果があったと思うの。

私はなんでもぐずぐずしているのが嫌いで、もたもたしてる人を見るとすぐ怒鳴りたくなる、本来はそういう性格だったかもしれないんだけれど、病気のおかげで気長にすることが得意になったんですね。じっくり待つこと、気長にすることができるようになった。

だから割合と気の長い料理が上手になりましたね。パパッと勢いでつくる料理はそんなに得意じゃないけれど、気長につくる料理ならね。「待つ」ってことがとっても身についちゃったから。

十年間もの闘病生活で一つ、私を支える大きな力になってくれたものは、短い時間だったけれども慶応にいるときに学んだ心理学でしたね。
講師だったけど、とってもいい授業をなさった方があるの。それは「いのちのかたむき」ということについての講義だったんですね。“Law of tendency” という講義で、人間の出来というのは、すべて生きていきやすいような仕組みになっている、という話だった。

ロウ・オブ・テンデンシィを直訳すれば傾向の法則ということになるけど、その傾向というのが何の傾向であるのか、それを先生はおっしゃらなかった。でも、命の仕組みそのものが、いかに生きていきやすい仕組みになっているかっていう話だったことを、私はいまでも鮮明に覚えているのね。

私が学んだ当時の慶応の心理学というのは実験心理学で、人の心がどうこうという臨床的な話ではなくて、生理学と物理学の間みたいな、そういう話だったのね。だから人間の生理的現象がいかに Law of tendency であるかという講義だったんですよ。

これもその授業で聴いた話だけれども、人間の網膜の出来というのは、それは大したものなのよ。網膜の細胞というのは、人間が見ているものそのものが網膜に写るんでなくて、形だけしか写らない部分、色しか感じない部分、そういうふうになっているんですね。

それでいて、色は色、形は形で見えるわけじゃないでしょう。ちゃんと色と形が一つになって見える。でも網膜のあり方はそうなんで、また部分によってはまったく見えないところがあり、それがつまりは「盲点」なんですよ。そういうことが実地に体験させてもらってわかった、という話ですね。

人間の体の仕組み、命の仕組みがどうなっているかという、こういう講義がものすごく新鮮で、面白くて、それこそ夢中で聴いていましたね。

人間の記憶ということについても、最初に記憶した事柄が全部一律に記憶されるのではなく、時間が経つとその記憶がよりよい形になるのですって。これってすごいことでしょう。

忘れたいようなことは、ちゃんと忘れるようになっている。だから、人を許せるようになっているんですね。そういう話を聞いたということが、非常に私を生きやすくしてくれましたね。病気と真っ向からぶつかって闘うのではなく、その自分の体の仕組みを信じて闘病できたからね。

印東《いんどう》太郎という心理学者の講義でしたけれど、とっても良い講義で、それがどれほど私を助けてくれたことか……本当に後々まで人の生き方を支えて助けるような授業って、そう滅多にはないと思う。そういう意味では、私はとっても先生運がいいのね。

先生運ということでは、慶応に行く前に保育に関する勉強をした名古屋の柳城《りゅうじょう》保育専修学校（現・名古屋柳城短期大学）に坂東喜久《きく》（後に名古屋柳城短期大学第二代学長）っていう先生がいらして、この方は本当の教育者だったわね。私が今日あるのは、どの段階でもとってもいい先生に出会ったおかげです。

坂東先生の講義は、幼稚園というものを初めて作った幼児教育の祖といわれる、フリードリッヒ・フレーベルというドイツの教育者の思想についてでした。このフレーベルに私は大変な影響を受けました。

いまも私が抽象的な概念とか学説とか、そういうものを具体的な場におろしてこられる、また具体的な場面をそっちへ持っていって概念化できる、ということはフレーベルという方の考え方の影響ですね。それがなければ私は、現象を見てそれを一つの拍象化した言葉にしていくことはできなかった、と思う。

たとえばフレーベルはこういうことをいうんですね。赤ちゃんがお母さんにオムツを替えてもらっているとき、赤ちゃんはオムツを取ってもらって自由になるから足をバタバタさせるでしょ。お母さんがそれを見て少し遊ばせてやって、またちゃんと押さえ込んでオムツをあてる、そのわずかな遊びのような親子の取り交わしの間に意志の強い子供ができるって。お母さんが赤ちゃんのオムツを替える、ただそれだけの情景から、そこに潜んでいる人間が仕上がって行く一つの真理をフレーベルは見出すわけ。

そして、そういう一つ一つの現象を詩のように書いて、その現象の向こうにあることを見つける稽古をさせるんですね。本当に素晴らしい思想家ですね、フレーベルは。

ご飯を食べて、器がもう空っぽになって、子供がもっと欲しがった場合に、その食べものはお腹の中に入ってあなたの力になるのよって、そのときにこそ因果関係を教えなさいって、そういうことを説いた人ですね。

その講義はすっごくわかりにくかったけれど、それを一所懸命嚙みくだいて私たちに教えてくださったのが坂東喜久先生です。本当に坂東先生とフレーベルのお陰様ですね、いま私が料理を教えていられるのも。

お料理でものを作っていく場合の、そこから人が仕上がっていくということが面倒臭いように思えても、私はフレーベルの解説を聞いて知っているから、実はこれをこうやればあなた自身が仕上がっていくのよ、という話をしてあげることができる。フレーベルがなければ、それはなかったでしょうね。

私は、こういうふうに考えるのでなかったら、お料理って続けられなかったと思う。お料理することの中に、人間形成の具体的な場があるということ、どの場にどのような具体的な方法がどことどういうふうに結びついていくのか、ひたすらそれを考えていくのでなかったらとても続かなかったでしょうね。ただ技術としてのお料理を教えるだけではね。

母は「芳子には私にない理屈がある」っていってました。母が生きていた間は、私自身、自分の持っていたものをわからなかったけれどもね。


【印東太郎】

一九二三（大正十二）年生まれ。慶応義塾大学卒。数理心理学・計量心

理学・実験心理学者。文学博士。元国際色彩学会会長。慶応義塾大学、カリフォルニア大学アーバイン校名誉教授。二〇〇七（平成十九）年死去。

# 英霊・藤野義太郎

私はね、幼稚園からずっと聖心女子学院だったんだけど、高校終わってから父の勤めの都合で名古屋へ移って、名古屋の柳城保育専修学校だったかな、いまは短大になっているんですけれど、そこで保育の勉強をしたの。そのことは前にお話ししたわね。

日本で二番目ぐらいに古い、聖公会が始めた学校でね、とってもユニークな面白い学校でしたね。勉強する建物は馬小屋程度だったんだけれど、附属幼稚園が四つもあって、それを在校中にすべて実習して回らなきゃならない。これは本当に素晴らしいことですよ。

日本女子大には児童学科があって附属幼稚園が一つあるけど、柳城はそれぞれ際立った特徴がある四つの場所に幼稚園がある。お屋敷町、名古屋大学の側のインテりが住む町、南の工場街、それに名古屋きっての、商業地域。

それぞれの幼稚園ごとに、子供たちの話し方や話す内容が違うの。私には商業地域が一番面白かった。私がびっくりしたのは葬儀屋さんの子は名札が木の札だったの。戦争中だからみんな胸に名札を下げているのだけれど、大抵、布地の名札なのに、その子は卒塔婆の切れっ端かなんかを親が利用したんですね。

子供たちがめいめい自分ちの商売自慢をして、「おみゃあさんのとこ何してりゃすの」って。そうしたら木札の子は小さな声で遠慮勝ちに「葬儀屋」といった。あの情景、いまでも忘れられない。柳城では本当にいい、一生役に立つ勉強をさせてもらいましたね。

その柳城の最後の学期に、まずはお見合いをしなさいといわれて、お見合いをしたんですね。まだ寒い二月だった。

お話がまとまって結納が来ました。そうしたらたちまち「教育召集」がかかったの。それで父は相手の方に「とにかく無事に帰って来てから結婚すればいいでしょう」と。

そしたら彼は、藤野義太郎というのだけど、無言でうなずいて、そのときポロッと一粒涙を……。そのことを私は、父と先方にお話しにいって帰ってきた母から聞いたのね。その頃は親同士と向こうの本人とだけの話し合いで、それが普通でしたから、私はその場にはいなかったわけ。

でも、彼が涙を見せたと聞いて、私は思ったのね。帰ってくるまで結婚を先延ばしにしてはいけないのではないか、と。死ぬかもしれない人を泣かせっ放しというのはよくないんじゃないか、と。で、「すぐに結婚式を挙げてもいい」といったの。それですぐさま式挙げて、たったの一週間ぐらいで彼は兵隊に行った。そのときは九十日して帰って来て、それから八日後に本物の再召集がきたんです。つまり、ちょっとの間お別れに帰すんですね。それで三、四日の準備期間があってから本格的にとられた。

しばらくして南方へ行くらしいって、だから兵舎を出るからって、電話だったか葉書だったか……その知らせに従って、ある日、指定された時間に兵舎の門のところで待っていたら、やっぱり南へ行くらしい格好で出て来たんですよ。

もう昭和十九年の六月、敗色濃厚なときだからちゃんとした背嚢さえもなく、ネットの袋みたいなものを背負って、剣もないから牛蒡みたいな木の棒携げて、ゲートルは巻いていたけど履いていたのは地下足袋よ、正規の軍靴ではなく。

みんな見るからにしおしおとしてたのを私は覚えてる。父がシナ事変で出征したときには、兵隊さんはみんな上にのけぞるぐらいの元気だったのね。まわりも旗を立てたり、万才〳〵したりして。でも、この日はだれもがしおしおとしていた。あんな隊列なんて、それまで見たこともない。この戦争は違うんだって思った。

空襲が始まったその頃、藤野義太郎は三隻の輸送船の一つに乗り組んでフィリピンに向かった。行く途中に二隻沈んだ。一隻だけたどり着いて、不思議なことに手紙が届いたんですよ。フィリピンだって書いてあった。よく葉書が届いたと思う。

一隻に鮨詰めで三千八百人の部隊が、一ヶ月ぐらいかかってフィリピンに着いた。島から島へ移動する途中で空襲に遭った。本人は学生時代に射撃をやっていたの。それで、ただの鉄砲じゃなくて機関銃をやれといわれていた。甲板に据え付けられた機関銃のところへ行って敵の飛行機を撃とうとした瞬間、頭を銃撃されて、痛いも痒いもなくパッと死んだの。

その空襲で助かった人たちは何とか船から陸地へ揚がったけれど、結局、ほとんど全員餓死した。三千八百人のうち八人だけ生きて帰ってきた。その一人が報告に来てくれて、それを聞いたお舅さんから私は話を聞いた。

こういう事実はいまだにあまり明らかにされていないけれども、日本兵の実に七十五パーセントは戦死というより餓死だった。

私の主人が行くときには、すでに制海権もまったくなかった。海も空も守りようがない中を、まともな装備もないまま行って、まるでさらし者よね。その挙句に餓死ですよ。これが「英霊」の事実です。

まさに拙劣というしかない作戦ですね。

で、私がこれを是非書いていただきたいと思っているのは、たとえ現政府がそういう拙劣きわまる作戦で兵士の七十五パーセントを飢え死にさせたのじゃなくても、同じ日本の政府として責任を受け継いでいる以上は、いつの段階かでその家族に詫びなければならない、ということです。

飢え死にで、息子を失った親、飢え死にで夫を失った妻、そういうことで父を亡くして苦労の道を強いられた子供たち……そういう日本の国民のために、日本政府はいつか一度、はっきりと謝らなければならない。

ところが敗戦後これだけの年月が経つのに、いまだかつてきちんと謝った政治家は一人もいない。そんなことだから、こういう情けない政治がずっと続いているんだと思う。

その昔ね、殿様が一番に最大の仕事としていたのは「領民をいかに食べさせるか」ということだったんでしょう？　それがいま、日本の政治家に「国民の食をどのように守るか」ということを真剣に考えている人がいるだろうか。だれもいない。だから日本の食糧自給率が四十パーセントにまで下がってしまって、それが全然上がる気配がない。

英国でサッチャーが首相に就任したとき、イギリスの自給率は三十パーセントかそこらの低い率で、サッチャーはそのことに激怒して、ついに七十パーセントぐらいまで持っていった。政治家に本当にやる気があれば、できるんですよ。

日本にそういう政治家がいない。だから日本の食文化をうんぬんする以前に、食生活そのものの底が抜けてしまった。

もう、かなり絶望的な状態ですね、いまや。そのことに国政を預かる人たちがまったく気付いてさえいない。ＴＰＰの問題だって、日本の農業を守ろうと本気で思うなら、絶対に受け容れるべきでない。原発も絶対にダメ。命が危うくて何の産業の発展ですか。

いまにして思えば、戦争が終わって何年かして私が倒れたのも、やっぱり主人があまりにも呆気なく戦死してしまったから、といえるかもしれない。主人が戦死しなかったら、いろんな無理をしなかったろうと思う。いろんな無理をしたから病気になったんだ、と思う。

最後に主人の姿を目にしたのは、兵営から出てくる隊列で、ああ、この列のどこかにいるんだろうなあ……ただそれだけで本人を確認はできなかったし、もちろん話なんかできませんでしたが、(こんなひどい装備で本当に戦いに行くのですか……)と、私は言葉を失いました。大体、地下足袋なんかでジャングルをどれだけ動き回れますか。そんな頼りない足許でどうやって戦えますか。

出発したのは六月十二日だったと思うけど、それから一ヶ月も下関にいたんですよ。兵舎じゃなくて、民間のおうちに預かってもらうのね。

一ヶ月も兵隊をそうやって預けておくんだったら、召集する時間を一ヶ月後にしたってよかったわけでしょう。だれが見たって矛盾だらけの、作戦ともいえない物凄い拙劣な作戦だった。着る物も持たせる物もなくて、ただ人間だけかき集めて送り出すなんてね。

主人がとられたのが昭和十九年六月で、翌二十年の三月に私の弟が清水の航空隊に入ったの、特攻隊を目指して。六月にはまだ中学四年の、いまなら高校一年生のもう一人の弟が近衛野砲連隊にとられた。そのときに母が兵隊たちの食べている赤いご飯を見て、赤飯かと思ったら実は高粱《コーリヤン》だったそうよ。

その弟は東京から鹿島灘の防衛をするために連れて行かれた。行って何をしたかというと、砂浜に穴を掘ってその中に隠れていて、水陸両用戦車が押し寄せてきたら手榴弾持ってその戦車に飛び込む、毎日その訓練ばっかりだったのよ。

きちんとした兵舎なんてないから、例によってその辺の農家に弟たちは分宿していたわけよ。そこへ一応、毎日兵隊用のご飯が人数分だけ届く。高粱のおむすびみたいなものと、竹筒に入った大根だか何だかを刻んで煮た汁のようなもの。その一本の竹筒を兵隊五人が回し飲みしたのね。

それを見た農家のおじさんが怒って、自分のところのお米とか麦を食べさせて養ってくれたんですって。軍から毎日届くおむすび状のものは、牛にやっても牛も食べなかったって。

完全な栄養失調になって帰ってきた弟の話で印象的だったのは大砲を迎える「砲受領」のこと。ある日、全員整列をして大砲が来るのを待っていたら、車輪の真ん中に砲身があって、それがパタンパタンと上下に動く、日清戦争のお名残の大砲が来たの。上から弾を入れてポンと撃つようなのが。

近衛野砲って本来は天皇をお守りする重要な役目でしょう。そこへ日清戦争の置物が来たのを見て、弟は（日本もこれはいよいよだめだな……）って思ったって。無理もないわよねぇ。

それで、たった三週間足らずに終わった私の結婚の話にもどるとね、それが正しい判断だったのか、やっぱり父がいったように待つべきだったのか……考えても考えても答えが出なかったですね。

白と思うと白。黒と思うと黒。ずっと答えが出ないままだったのだけれど、終戦後五十年目にＮＨＫのテレビのおかげで答えが出たの。

その年、ＮＨＫがいろんな戦争の場面を出して、日本兵が野ざらしになっている情景を映したんですよ、珍しく。死体をダイレクトに見せないのが日本の放送の常識なのに、そのときはストレートに映して見せた。で、それを見たときに私は、まず、戦死というものはあらゆる死の中でもっとも不自然な死だと思った。

それから、ああ、やっぱり帰ってくるのを待っていますというだけでなく、ちゃんと結婚してあげたから、ちゃんと彼の側にいてあげることができたなと思って、あの判断はあれで正しかった、あれでよかったんだと思った。その野ざらしの日本兵を見たとき、やっと五十年目に答えが出た。

それまでずうっと、良いと思えば良い、でも愚かと思えば愚か、やはりお父さまがいうようにすればよかったかって……決められなかったのね。

私の父って面白い人で、現場で絵を描くわけじゃなくて、あとから思い出して精密に状況を描き出せる人だったの。で、自分が中国戦線に出て行くときの輸送船の実態を、病気になって戦地から帰ってきて陸軍病院にいるときに、こんな絵に描き残した。

ほら、この絵がそう。これを見てわかる通り輸送船の中ってもう人間扱いじゃないでしょう。蚕棚みたいなのがあって、いろんな道具と一緒に兵隊が鮨詰めになっている。蚕棚でも一つの棚に一人だったらまだしも、これじゃ横になるスペースがまったくない。

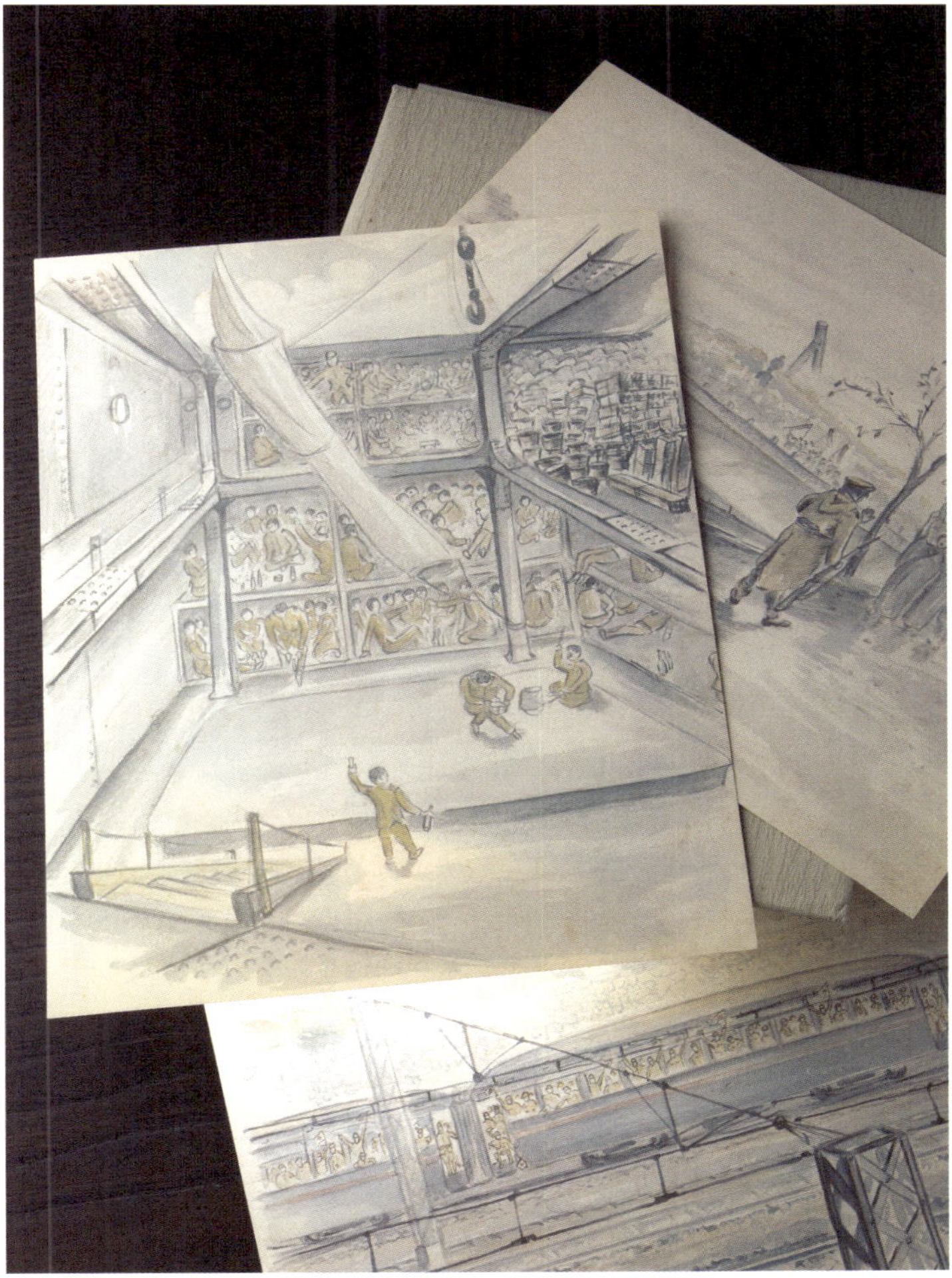

父・芳雄が記憶を頼りに描いた絵

この輸送船の絵を思い出したとき、私は一番、ちゃんと結婚してよかったんだと思ったの。義太郎さんは、機関銃のところで構えたときは無我夢中だったに違いないけど、蚕棚に鮨詰めになっている間は、きっと私たちの結婚のことを、無事に帰ったら待っているはずの私のことを思っていたろうと……。

さいわい私の場合は父が元気で働いていたから、夫に死なれても、すぐに住むところ食べるものに困るということはなかったけど、本当に大変な女性がどれだけいたことか……。

とにかく戦争の末期は異様でしたよ。働く男がいなくなっちゃって、年寄りと子供ばっかりでしょう。女が男の代わりに何でもしなければならない。

私自身、重労働もやったし、物凄く働いたわね、まだ女学生の頃から。

高校一年二年のとき軍需工場へ行かされた。三菱重工で勤労奉仕ですよ。真冬の工場の三和土《たたき》に、りんご箱が伏せてあって、それを腰掛け代わりにして、手榴弾を磨くの。二月の寒い盛りだから手榴弾が氷のように冷たかった。

手榴弾はねじりのところに錆びないようにグリースというねばねばの油が塗ってあるのね。それを桐のような柔らかい板を細かく切ったものでしごき取って、磨きをかけて、ねじ込めるようにする。手の感覚がなくなるほどのあの手榴弾の冷たさ、いまでも忘れない。

真夏には弾薬袋を縫わされました。野っ原に物置みたいな建物があって、そこで木綿の丸い弾丸を入れる袋の口元を閉じる仕事。太陽の動きがわかるほど屋根が薄くてね、暑さに汗が噴き出ると、木綿に手がきしんじゃって凄く縫いにくかった。一人、友だちで氷の入った水筒を持ってくる子がいて、それで助かったわね、そうでなかったら、もうくらくらで倒れていたでしょうね。

着るものもどんどんなくなる、靴も靴下もなくなる。だからそういう勤労奉仕のときだって、冬の最中でも日本はウールなんていう温かい毛の靴下なんてないから、ペラペラのスフ。まあ、いまの人たちにスフって何だかわかるはずもないか（笑）。……これはステープル・ファイバーの略で、木材などを原料にした植物性の人造繊維ですよ。何枚重ねたって温かくも何ともない、それが一枚きり。

結婚した頃には、もちろん、食べるものもなくなった。それで農家へ南瓜をもらいに行ったこともある。いまは大体つるっとして凹凸のない栗南瓜でしょう。あの頃の日本の南瓜は菊座南瓜といってゴツゴツしてる。

夏だったから薄着でしょう。四個もらって二個ずつ振り分けで背負ったんだけど、薄い着物の上で南瓜が揺れると痛くて痛くて……もうだめ、とても無理、こっそり捨てたいと思ったわよ（笑）。

でも他に食べるものがないんだから、必死の思いで持って帰るわけよ。いまみたいに砂糖でも出汁でもふんだんに使って美味しく煮るのではなく、南瓜を塩ゆでして、ハッタイ粉という裸麦を煎って粉にした、出来損ないのまずい麦こがしみたいなのを南瓜と混ぜて食べるんだけど、物凄くまずかった。尋常ではない物凄いまずさ。

それでも名古屋で土のそばにいたからね。飢えというものは知らずに済んだ。東京の人たちは何もなくて本当に大変だったでしょうねぇ……。

食べるものといえば、私の場合、それまでうちで母が作ったものに慣れて、それが当たり前と思って美味しいもの食べていたでしょう。それが婚家先《とつぎさき》でがらっと変わった。母はジャガイモなんか必ず油をあてがって食べさせたけれど、お嫁に行ったら途端に茹でただけのジャガイモになっちゃった。

日本葱もさっと炊いたもの。茹でたジャガイモとさっと炊いた葱、それが食事なんだから、これは必ず身体こわすなあって思ったわね。南瓜にしたって、塩ゆでにハッタイ粉かけて食べるなんて、そんな命を守らないような食べ方、母は決してさせなかったからね。

でも、私が身体をこわすことになったのは、食べものが原因というより、一軒の家を壊すのを手伝ったからで、それが結核のもとになったんだと思う。

防空壕を自分たちで掘らなきゃいけなくなったとき、住まいの敷地のぐるりが全部貸家で三軒あった。で、逃げ口をふさいでいた一軒を壊さなきゃいけない、と。日傭方《ひようかた》が壊しに来たの。最初に屋根の瓦を落とさなきゃならないというので、滑り台みたいなのを作ってどんどん落とす。

お舅さんがそれを待っていて、滑り落ちてきた瓦を積み重ねるわけ。始めは八枚積みだったんだけど、いかんせん重過ぎてとても抱えて歩けないから、六枚積みにしてもらって、次々にそこに積まれる六枚の瓦を私が家の一番隅っこの塀のところまで運んで積む係になっちゃったの。

やっと終わったとき、日傭方が「全部で千四百枚だよ。一枚がこれだけの重さで、それを六枚重ねではさぞかしきつかったろうなァ」って、なぐさめてくれた。

どんなに大変な重労働かって知らないまま、短時間のうちに一気にそれだけ運んだでしょう。その後、急に身体が弱ったの。何十年も経った家の土ぼこりもイヤというほど吸ったしね。あれが私を弱らせたと思う。

なんでも急に何かは起こらない、知らず識らずのうちに少しずつ変わって行くのだと思うけど、私の病気に関しては、あの瓦運びが病気の直接の引き鉄だった、と思っている。

でも、母に会ったとき、こうやって瓦運びをしたのよ、こうやって防空壕掘りをしたのよとは一言もいわなかったわね。母を心配させたくなかったからでしょうね。

うちにしょっちゅう来てた日傭方に、あとから聞いた話だけど、「わしらは胸から上に土をあげたときには、こういう休み方をする。食べものも卵を二個食べて体力を守るように心がける」って。日傭方には日傭方の経験から生まれた身体のいたわり方があるのね。そういうものを私は全然知らなかったからね……。

# 映画『天のしずく　辰巳芳子〝いのちのスープ〟』のこと

映画『天のしずく　辰巳芳子〝いのちのスープ〟』は観てくださったのね。あの映画は、話が始まってから完成まで、二年ぐらいかかったかな。

監督の河邑《かわむら》厚徳さんは良く勉強してくださって頭が下がりますけど、私は最初に、一人の人間から得られるものには限りがあるから、絶対に私自身をテーマにしないでください、と厳しく念を押したの。私をあなたのテーマの題材の一部分として使うならいいけれどね、と。

それでも映画を作る上では一人をテーマにしたほうが楽だから、やっぱりそうなっちゃうのね。ただ、本当に良い食材作りに命を懸けている生産者をたくさん紹介できたから、それはよかったと思う。

生産者ではないけど最後に栗田宏一さんという土でアートを創る人が出てくるん

です。どういうアートかというと、ただ土を集めて振るって紙の上に並べるだけなんだけど、土って凄いものなんですね。

監督がね、こういう風変わりな土のアーチストがいるからって、連れて行ってくださったんです。ご当人は世界各地の何万種類もの土を持っていらっしゃると聞いたけど、そのときは六百六十種類の土を白い紙の上にピターっと並べてくださったの、日本の土だけで。

ただの土なのに、ピンクから黄色から、橙色から白や紫まであって、それを無作為に並べていくんだけれど、それがもう本当になんともいえないほどきれいなの。凄くきれい。

そういうユニークなアートだから、それを売ってお金にすることはできない。だから毎月五万円で暮らしているんですって。お齢は五十になるかならないかで、奥さんもいらっしゃるの。

世界中をずうっと長い間、夫婦二人で歩き回ったけど一日千五百円で暮らしたんですって。奥さんも土の収集を手伝って、別の仕事で収入があるわけじゃない。お金使わないで生きる研究をしているんだって（笑）。

で、どうして土にこれだけの色のバリエーションがあるかって、それを栗田さんに尋ねたら、宇宙からの必然だって。いま私たちにわかっている限りで九十二種類の元素があって、その元素の組み合わせでその色になっていくんですって。

それを聞いて、私、思った。土も人間もすべて同じように宇宙の影響を受けて、いまこの状況があるのだ、と。すごい神秘的なことだと思う。人間が九十二種類の元素に分類したけれど、その元は一つだと私は思うのね。人間だって元は一つの命だと思う。

星と人間は元素が同じだと、最近それがわかったんですって。この間、助監督の人がいっていたけど、人間の脳の組織と宇宙の組織も実は同じだって。

栗田さんとは一時間半ほど対談したんですけどね、とってもいいお顔をした方で、顔に透明感があるのが印象的だった。この方との対談で最後に「土は宇宙からの言葉」というフレーズがふっと浮かんできた。ああ、これで「天のしずく」を受け止めることが出来たなと思ったわね。

映画『天のしずく』の、もう一人、重要な登場人物は宮﨑かづゑさんです。幼い頃にハンセン病とわかって瀬戸内海の長島の愛生園で生きて来られた方。『長い道』

（みすず書房）というご本をお書きになっていらっしゃるけど、それはもう凄い本ですよ、たいていの小説なんて吹っ飛んじゃう。

映画に宮崎さんに出ていただくことになったのは、ひょんなことから、まったく偶然なんですよ。

神戸に私の母校・聖心の分校みたいなのがあって、そこへ話をしに行くことになったとき、私は考えた。神戸からだったら岡山は遠くないから、岡山から長島に渡って宮崎さんに会ってみようかな、と。

そのことを河邑監督にちょっと話したら、ああいう方たち独特の勘ですかね、「われわれも同行しましょう」って、何の予定も計画もなかったのに、パッと長島に現れたの。宮崎さんのお家を訪ねて、長いストーリーの中に宮崎さんを登場させるというような話はもともとまったくなかったんですよ。

宮崎さんと私の縁がどこでどういうふうにして始まったかというとね、宮崎さんは私のスープのテレビを繰り返し繰り返し観ていたらしいのね。それが頭に入っていたんで、もう何も食べられなくなったお友だちに、迷わずに私のレシピでスープを作って毎日届けたというのね。「ポタージュ・ボンファム」か何かですね。

そのお友だちのトヨちゃんは顔の形が変わっちゃって、息をするのもカニューレという管を喉に通して何とかできていた。その上、癌に冒されてしまって、ただでさえ食が細いトヨちゃんになんとか食べさせようと、毎日かづゑさんがスープを作って届けたんです。トヨちゃんが「美味しい」といってくれたから。

目は見えなくなるし、耳はどうだったか、鼻も……それでも人間は最後まで、美味しいという感覚は敏感に残る。あらゆる感覚が冒されていった後も、最後の最後まで〝味覚〟は残るんですね。

食べたものを味わう、その味がわかるかわからないか、それが命の営みの根源なんですよ。人間が命を完《まっと》うする基本は「食べ分け」です。これを食べたら養われる。これを食べたら害がある。それを食べ分けることから人間の食の歴史は始まっているのです。食べ分けこそが命をつなぐ出発点ともいえる。

だから、美味しいということは命の安全と直線的につながるから、やはり「食べるものは美味しくなきゃならない」という意味はそこにあると思う。何故、食べものは美味しくなきゃならないのか――そこまで美味しさの意味を掘り下げて考える人はあまりいない。でも美味しさと命が直結していることを、改めて真剣に考えてほしいわね。

で、話は宮﨑さんとの出会いに戻るけど、彼女は山の上から長島を見渡すのが大好きだっていうのよ。

「すべてのライを病む人の生き死にがあの島の中に籠ってると思うと、この島を見ると神々しさを感じる。だからこの山の上から長島を見渡してほしい」

宮﨑かづゑさんはそういった。それであの長島の山の上で初めて一回だけ会って、それで撮影は終了。私は島には泊まらず、夕方岡山からこっちへ帰って来ました。

宮﨑さんがトヨちゃんの闘病生活の最後を綴った小冊子があってね、「あの温かさがあったから生きてこれたんだよ」というタイトルなんだけど、それを知って私は百冊頂きますっていったの。そうしたら、こんなペラペラの小冊子が一冊二千円、百冊で二十万円。すぐに代金を送りますっていったら、

「辰巳先生にはいろんなこと教えてもらったから、本代は授業料ということでチャラにしてください」

私はいままで随分たくさんのお弟子さんに教えてきたけど、こんなことという人、いままで一人もいなかった。そんな〝わきまえ〟を身につけている人だったのね、

宮崎さん。

彼女の『長い道』の一節に、こうあります。

「トヨちゃんを考えても、自分自身を振り返ってみても、らいは、何て言えばいいんでしょう、難しいですけれど、人間業で病んでいるのではない。私はかくあるべく与えられたと、いつのまにか深く思うようになりましたので、らいを突き放して、『お前さん、嫌いだ』と思うことは、なぜかないんです」

人間、どうすればここまで悟り澄ました境地に達することが出来るのか……私たち凡人にはほとんど無理でしょう。かづゑさんの文はさらにこのように続きます。

「『らい』という病名は、いつからか、らい菌を発見した方の名前をとって『ハンセン病』というようになりましたが、私はどうも馴染めなくて、自分のものじゃない感じがするんです。名前を変えたからといって、差別がなくなるというものでもないと思います。

最近、テープで『アンクル・トムの小屋』をききましたが、白人が黒人を酷使するあのいじめようは、人間ではないようですね。人間はどこの果てにいっても差別するもの、人間がいるところ必ず差別があると思うので、らい患者だけが差別されているような言い方は、私、あまり賛成じゃありません。自分も立場が入れ替わっていたら、らいは嫌いだったろうと思いますので、差別するひとに対して文句をつける気持ちはありませんし、わかってくれなければ、そのひとはそれでいいじゃない、と思います」

だれもが業病と忌み恐れる病気を患いながら、どうしてこんなに明るい前向きの物の見方が出来るのか、どうすればこれほど人に対して寛容になれるのか……。

最初は不思議というしかない思いでしたが、じかに彼女に会い、何回となく『長い道』を読み返した末に、いまはこう思うんですね。宮﨑かづゑの頭の中にも、心の中にも「後ろ向きの恨みがましい思い」がまったくないからだ、と。

心にないから、あれだけおおらかになれる。その境地に達するまでどんなに悲しいこと、苦しいことが多かったか察するに余りがあります。それを超越した彼女に会って、話をして……いま思い出しても長島の山頂でのあの一刻がうれしくてねえ。

宮﨑かづゑさんの『長い道』と、映画『天のしずく』が同じ二〇一二年七月に両方できて、こんなうれしいことはありませんね。最後に一つお願い。宮﨑かづゑさんの『長い道』、必ず買って五回でも十回でも読み返してくださいね。

【天のしずく　辰巳芳子〝いのちのスープ〟】

河邑厚徳監督・脚本、天のしずく製作委員会企画・製作。病床の父に芳子氏が届けたスープに始まる活動は広く知られることとなり、その手から生み出され、伝えられるスープは人々を癒す「いのちのスープ」と称されるようになる。その芳子氏の日常と活動、また、スープの材料となる食材の生産者との交流、天然の土をモチーフにするアーチスト栗田宏一さん、芳子氏と親交のある長島愛生園・宮﨑かづゑさんらとの対話を記録映像として製作された映画。ＤＶＤ＝発行・発売元　ＮＨＫエンタープライズ。

# アイスバインとコッパ

『天のしずく　辰巳芳子〝いのちのスープ〟』は、おかげさまで評判いいらしいわね。よかったわ、あんなに苦労なさったのだから、スタッフの皆さん。四千万円以上かかったというけど、いまのところ三千万円ぐらいは回収したんですって。それで、ちょっとはほっとしているみたい。

その映画でお世話になった音楽をつけた方やナレーションを担当した方が「どうしても一度鎌倉へ行きたい」といっているから、一席設けてご馳走してやってくださいっていって監督にいわれてね。これは何とかお招きしてお食事を差し上げなくては……ということになって、この間それを実現しました、やっと。

私もちっとは相談に乗ったけど、実際はほとんど千賀さん一人で知恵をひねり出して、何と十六種類ものお料理を作ったのよ。千賀さんはフルネーム対馬千賀子。

もう長く私と起居を共にしている内弟子です。

　あの人、根っから倹約家だからね、なるべくお金がかからないようにと苦心して（笑）……その日のおもてなしの献立は……ちょっとノートのどっかに書いといたんだけど……ああ、ありました、これ、これ。

　まず、柚子練りでしょう。次に菊の胡桃和え。それから、零余子《むかご》を塩に漬けておいたのを茹でて出して、次に牛蒡の薄切りチップを揚げてパルミジャーノをかけた一品。千石豆というお豆のサラダ。

　ちょうど毛蟹をいただいたので、千賀さんが甲羅を真っ二つに割って、そこへ蟹の脚の肉を丹念に取り出して、きちっと詰めたのを出したの。見るなり、お客様が歓声をあげた。

　この夜のメイン・ディッシュはドイツ風のアイスバイン（塩漬けにしたすね肉を香草・香辛料とともに煮込んだ料理）。

　なぜだか千賀さん、献立を相談したとき一番最初に「アイスバインを作ります」って。それで豚の骨付きのすね肉を二、三本買ってくれって。これは高いものじゃないんだけれど、普通の肉屋じゃなかなか売ってないから、然るべき筋に頼んで、持ってきてもらうまでに一週間かかったわよ。

　骨付きの豚すね肉が手に入ったら塩と香草に五日以上漬けておいて、あとは八十度で静かに二時間ぐらい煮ればいい。コラーゲンたっぷりで、いい味が出るし、肉も十分に食べでがあるから、大皿にドーンと盛って出すと盛り栄えがして、たくさんの方に切り分けて振る舞うのにもってこいですね。皆さん、「わァ凄い！」と大喜びだった。

　もちろん、アイスバインには付きもののザウアークラウトもたっぷり作っておきました。これは何日か前にキャベツを刻んで用意しておいて、その日にさっとお湯にするだけだから簡単でしょう。

　このメイン・ディッシュのあとに、ここで私に焼き芋を焼いて出せっていうの（笑）。暖炉で火を焚いていたから、銀紙に包んだお芋をそこで私が焼きましたよ。

　それから白菜とりんごのサラダ、うちの自慢の卵焼き。で、しめくくりにおにぎりと、けんちん汁の大鍋と、香の物。デザートは、うちの庭で採れた栗のお菓子。冷凍しておいたのを皮を剝いてマッシュして焼いたの。

　あなた本当に最後にお菓子まで焼くつもりなのって私が尋ねたら、千賀さんは

「本当に焼く」って。けんちん汁だって、これだけの大人数に出すとなったら切り物が大変よ、何かもっと手のかからない別の汁物にしなさいよっていったんだけど、「いえ、けんちん汁を出します」って頑張って、見事にやってのけた。

全部で九人のお客様で、私がテーブル・セッティングとかお運びをやって、私も結構ひと仕事だったんだけど、千賀さんは本当に大変だったと思う。そのあと三、四日フラフラしてましたよ。その代わり皆さん「こんな素晴らしいおもてなしは初めてだ。一生の思い出ができた」って。

まあ、和食ばかりでもない、洋食だけでもない、こんな風変わりな十六品の組み合わせなんて、私のうちだからできたことで、外の料理屋にはあり得ませんからね。だから、自宅《うち》に人を招くときは、こういうふうにすればいいんですよ。

それにつけても「いやあ、アイスバインっていいものだなあ」って、改めて私、つくづく思いましたね。ああいう肉の食べ方、日本人はまだまだ不得手でしょう。ああいうところも知恵を使って食べていかないと、これからの日本人は生きていかれないんだけれどね。

日本の肉屋の肉の並べ方を見ると、みんな薄切りで小ぢんまり、ままごとみたい

辰巳家のけんちん汁

自慢の卵焼き

に小ぎれいに並べているでしょう。それと比べて外国の肉屋は見るからに生々しいものねえ。これじゃあ外国人と勝負できないなあと思っちゃう。

これは肉屋のほうより、買い手の姿勢に問題があるわね。豚なんかも、焼豚なんて塊で肉を買ってきて自分で作れば、どうってことないんだけれど……どうしてそれをしないんだろうね。ローストビーフとかローストポーク、鶏の丸焼き、そういうものをなさる方があまりにも少なすぎるわねぇ。

やっぱり日本は肉食の歴史が浅いからかなあ。向こうは二千年以上の歴史があるでしょう。まだ太刀打ちは無理な相談かしらね。

一つ、具体的な例を挙げると、コッパというものがあるんです、イタリアやフランスの料理に。

豚の頭を一個頼むと、肉屋は毛の生えた足四本を一緒に持ってくるから、捨ててもいい剃刀を買って、毛を剃って、毛穴のところを毛ぬきして、そして塩で磨いて、臭くないようにレモンを絞ったりして、丸ごとの豚の頭と足を塩とニンニク入れて、ことことと、ことことと煮るんですね。

割合と早く煮えて、柔らかくなる。そうしたら捨てるところは目玉の芯と鼻の先だけ。皮ももちろん柔らかくなってる。全体がぷよんぷよんの感じでね。目の周りや鼻の周りは、木綿糸のような筋肉が走っているんだけれど、その筋肉を守るぷよぷよの素敵な脂があってね、それ全部一緒にほぐし身にするんです、それを布巾の中に入れて。

それで布巾を寄せて閉じて木綿のタコ糸で縦横ところどころ結んで、そば殻の枕みたいなロープにするわけ。で、ロープができたら煮たときの汁を上からジューッとかけて適当に染み込ませるの。

まな板をその上に置いて軽い押しをして、しばらく置くと、かなり固い塊になるでしょう。そうしたら、それを薄く切って、青いもの、パセリがいっぱい入ったソースをかけて食べるんですよ。これがコッパ。どこのかあちゃんでも当たり前のように作る。

「ああ、あなた、あれ食べたことないの。まあ、もったいない。ぼくたちはみんな、ああいうもので大きくなったんだよ。あなた、鶏の脳みそも食べたことないの？」

って、私はイタリア料理の師匠アントニオ・カルーソにいわれた。

ああいうの食べなくちゃといわれて、鶏屋へ行って鶏の頭を割ったのを買ってきたら、ちょうど生牡蠣みたいな感じだったわね。ぷよんとしていて。

師匠が「豚のコッパや鶏のアタマ、日本じゃどうしているんだ？」っていうから、ゼラチン工場へ行ってしまうといったら「んーっ」って天を仰いで、「マンマミーア！」。そういうものを食べないという日本人が彼らには理解できないのよ。

あの人たちの身体を触ると本当にしっかりしているんですよ。私、あるとき一緒に車に乗ったおじさん、菓子職人だったけれど、その背中にずっとつかまっていて、座席ソファの背中とばっかり思い込んでいたら、職人さんの背中だったの（笑）。スエードの上着の肩を椅子だと思っていました（笑）。そのくらい身体ががっしりしている。だから、ちっとやそっと頑張ったって疲れない。

で、日本へ帰ってきて、コッパみたいなもの食べさせるところがあるかといったら、どこのイタリア料理店へ行っても、コッパなんてメニューにないんですね。どうしてかというと、日本のコックって外国へ勉強に行っても、日本の社会でこれなら売れそうだというお料理ばかり探して歩いちゃうから。

私は外国へ行ったら、その民族が生きてきた道筋にあった料理を探して歩く。そして、それを一つのお手本として、日本の食べ方の欠点を直そうとする。民族がそれぞれに生きてきた道筋にあったお料理って、知れば知るほど本当に面白いのよ。でも、せっかく外国へ行ってもそれを学んでくる人が少ない。

だから、「日本から来るコックたちは、つまみ食いみたいに次から次にカッコいい所を探し歩いているだけで、あれで本当に勉強になるのかねぇ」って向こうの人にいわれてしまうんですよ。私の師匠もそういっていました。

イタリアっていう国は、国立技能研修機関というのがありましてね、何についても国が面倒見て勉強できるようになっている。もちろん、料理も。

ホテルで働く人を教育するとなったら、国がちゃんとホテル作って、そこでベッドメイキングから、お掃除から、料理やお給仕まで、全部勉強できるようにしているわけよ。ホテルという研修機関を作っちゃう、そこがイタリア人の面白さね。

そこへ私たちはグループで勉強に行って、そこの主任がカルーソだった。それが私と師匠の縁の始まりです。ちゃんと通訳が何人もついて、解説者もいて、授業料もそんなに高くなくて、なかなか良かったわね。

一人部屋なんてベッドの幅も枕と同じくらい細くて、寝返り打ったら転げ落ちそうだったけれど、でもちゃんとシャワーと鏡はあって、何不自由なくそこで暮らして教わったんです。

四十一か二か、そのぐらいの歳だったと思う。まだイタリア料理が日本でこんなに流行る前ですね。私はもうそれまでにフランス料理を長くやっていたので、そのフランス料理の土台の上にイタリア料理を勉強させていただいた。ですから、やっぱり他の人々より飲み込みが早かったと思う。通算して十三年教えていただいたかな……。

最初行ったときね、イタリア人にとっては自分たちがイタリア系のソースを持ってることなど当たり前だから、事改めてソースを一から教える気なんてさらさらなかった。だから、いきなり個々別々のお料理を教えようとしたわけ。

それで私が、それぞれのソースの系列があるようだから、まず最初にソースを系列に沿って教えてくれないと、私たちにはわかりにくい、と。

そうしたら、サルサマードレという「母なるソース」から基本的に五種類、クリームソースも入れると六種類のソースを、きちんと系統立てて教えてくれた。

それが本当によかったと思いますね。そのソースの流れの下にすべての料理が展開していくんだから。一緒に行った人たちはきっちりソースの勉強ができた。

ところが、いま、日本のイタリア料理店に行っても、ソースの流れがきちっとしている所はほとんどないわねぇ。デザイン料理ばっかりだから、親方が自分でやったそれだけは美味しくても、弟子が作ったものになると途端にダメ。何の美味しさも面白味もない。弟子にちゃんとソースの流れを教えていないからですよ。だれでも知っている有名なイタリア料理店でもそうなんだから、残念ねぇ。

## 宇宙への挨拶から一日は始まる

つい二、三年前からなんだけれども、朝、目が覚めたらすぐに起き出すのではなく、そのまま寝ていて、だらんとした一種の無重力状態みたいな感じで、宇宙に自分を位置づけてみる。そして、こうゆっくりと息を吸って、「今日もよろしく」といってみる。それがもう私の目覚めの習慣になっているのよ。

これが習慣になったのは、やっぱり歳のせいだろうと思う。年齢のおかげね。こういう朝のしきたりが身についてから、非常におおらかに生きて行けるようになった。

よく考えてみると、宇宙と一つになってしまえば失われるものはまったくないんですね。それから、いろんな人を自然に受け容れるようにならざるを得ないですね。

もとはといえばすべて一つの命から流れてきているわけだから、嫌っていられない。ああ、そうなんだと合点が行くと、とっても生きやすいのよ。すごい解放感ですよ、あらゆるものから解き放たれたという実感が素晴らしい。

キリストが亡くなる前に「みんな一つになりなさい」って、飽き飽きするぐらいそれをいってらっしゃるんですね。最後の晩餐のときに、弟子たちに。あれは、これのことだったんじゃないかなと思う。一つになってしまえば矛盾がない、あれやこれやに引っかかって悩むことがない。

朝、目が覚めたら宇宙に自分を位置づけるといってもね、何も難しいことを考えるわけじゃないのよ。宇宙のことなんて、考えようと思ったって考えようがないんだから（笑）。

私は目覚めは早いんですよ。まあ大体六時ぐらいかな。

布団の中で宇宙に挨拶をしたあとは、横になったまま、しなければならないことをチェックする。頭の中にやるべきことのファイルみたいなのを宿題みたいに持っていて、あれはどうなっている、これはどうなっている、ということをパラパラとページをめくるようにして、あれはダメ、これはこうしなきゃと、布団の中でやるんです。

対社会的なお仕事についてのチェックもすれば、自分がやりかけている例えば大根の煮方なんかでも、あれはこう変えたらもっと美味しくなるんじゃないかなあと、頭の中でいろいろやってみる。朝ってわりにそういうことを考えるのに都合がいいと思うんですね。

頭の中にあるファイリングをちょっと検査し、それぞれのページに○×をつけて、進行状態を確かめて、その日に連絡しなきゃならないこと、調べなきゃならないことなんかを確認する。

そこまでやったら、ようやく布団から脱け出して朝ごはんということになるわけですよ。八時にならないと布団から出ないことにしているの。というのは割合と血圧が低いから、早く起きると一日中なんだか気分が悪い。

あ、目が覚めました、パッと起きますっていうのは私の健康法に合っていないのね。むしろ一度目が覚めてから二度寝も三度寝もできるんです。それが私には合っているの。

どうしてたびたび寝たり起きたりするのかわからないけれど、まだ早いからもういっぺん寝ようと思うと、すぐまた寝られる。これは私だけの特技かしら（笑）。

その上、昼寝もよくするしね。でも、ちょっとお昼寝をするのは健康のためには凄くいいんですよ。

朝餉はきちんといただきます。私の朝餉は洋食なんですね。スーパーミールか、できれば黒パンを買ってきてもらって、それでお野菜とか卵とかを食べる。まあ、卵は食べたり食べなかったりだけど、必ず千賀さんが用意しておいてくれるのはスープですね。

朝、スープ飲めるって本当にありがたいですねぇ。スーパーミールをいただくときは、あれをお粥のようにして、ポタージュをかけていただく。スーパーミールって、いうなれば完全食でしょう。それとサラダを食べる。で、果物。

自分でいうのもなんだけど、いい朝食でしょう。だからこの歳になってもわりに元気で仕事をしていられる。

スーパーミールの出自は、四十年ほど前にちらと聞いたスイス高地の食方法ミューズリー（Müsli）なの。それから二十年ぐらいかかって私流に準日本式の機能食を創案したんですよ。

私のイタリア料理の師匠アントニオ・カルーソが、ある日、何かの仕事をしなが

スーパーミール（上）。著者とイタリア料理の師匠アントニオ・カルーソ（下）

ら不意にいったの。

「スイスの高地には、オートミールの中に麦の系統のいろんなものを混ぜ入れて、それだけで生きている人たちがいるんだよ。他のものはほとんど食べないで、それだけで生きている。世の中のみんながそれを真似しちゃったら、ぼくたちは失業してルンペンだよ」

人間はそういうものだけでも生きられるのかと驚いて、そのことが私の頭の片隅にずっとあったのね。

そうしたら、禅を学ぶためにドイツ人の神父さんとシスターが来日して、うちに滞在することになった。その神父さんは毎日、スイス高地人が食べているものを前の日に用意しておいて、ヨーグルトでそれを練ってベターッとしたものにして、丼一杯食べるのよ。あとは黒パンとチーズと果物、そしてコーヒー。

ああ、師匠がいっていたミューズリーって、これなんだって初めてわかった。少し甘くしたければ蜂蜜ぐらい入れるけれど、基本的にはあまり味をつけないんですね。ヨーグルトのほのかな酸味だけで十分美味しい。

私は、夏場などは、そういうふうに練っておいたものに、朝バナナを刻み込んでいただくの。とってもバナナと合うんですよ。五、六月ぐらいになるとバナナの季節でしょう。一本だと私には多過ぎるから、半分をこう薄く切って入れる。とっても具合のいいものですよ、非常に簡単で合理的で美味しい。

で、私が考案したスーパーミールはもっとはるかに良くなっているんですね。世界で一番進んだシリアルかもしれない。なぜって、まずオートミール（燕麦）でしょう。それに挽きぐるみの蕎麦粉、小豆粉、きな粉。さらに玄米と小麦の胚芽二種類。それに胡麻。全部で七種類の雑穀を適正なバランスで配合して、非常に低温でゆっくりゆっくりローストしてあるから、長期保存しても劣化しない。

ちょっと香ばしい感じになって、味も悪くない。大震災とか、いざというとき、そのまま口に入れて嚙みながら歩けば相当頑張れますよ。外国のミューズリーは甘くしてあったり、胡桃や木の実、乾ぶどうなんか入れてあるから、ちょっとカロリーが高過ぎやしないでしょうかね。

私のスーパーミールは、その点、脂っ気は胡麻だけだからいいのよ。それを混ぜたパンもできるし、ビスケットも焼ける。まことに秀逸なるものと私は自負しているんですけれど、ただ日本人はオートミールのような口触りが、あまり好きじゃないのよね。あまりにもお米が美味し過ぎるからでしょうかね。

それが身体にいいかどうかより、見た目や味で白パンが日本では主流ですけどね。私なんかには、このあいだ急いでいたものだから、ありあわせの白いパンだけ買ってきたんですけれど、いつも食べている黒いパンに比べると、とっても頼りなくて物足らないわね。胚芽が入っていないから弱々しいのよ、白パンは。

鎌倉のお店でプンパニッケルといって、全粒粉の徹底的に黒いパンを売っているの。他所《よそ》にはなかなかないらしいけど、この黒パンは非常によくできていて、私はこれが好き。

それほどしょっちゅうではないけれど、うちでも夜はお客様をお迎えして、何かいろいろ料理を用意しておもてなしをする日があります。先日は、私が『ミセス』(文化出版局)の連載やら何やらでお世話になっている上智大学の竹内修一神父が、お仲間の神父さん二人をうちへお連れになってね。

このときは、お料理のほうは特別どうということはなかったんだけれど、神父さんたちが全員大のお酒好きとわかっていたから、あらかじめお酒に詳しい後輩に相談して、結局その人にお酒のことは一任したの。

そうしたら「同じ日本酒でも食前酒・食中酒・食後酒というものがある。それを正しく飲み分けてこそ本当の飲んべェ」という手紙付きで、三種のお酒をうちへ送って来たわけ。

食前酒には香りが強烈で凄く個性的な、加賀の「菊姫東山」という大吟醸。私は越中砺波の「立山」しか普段飲んだことがなくて、立山が日本一美味しいお酒と思い込んでいたんだけれど、菊姫には本当にびっくりした。日本酒にもこういうのがあったのか、と。

いろいろ食べながら飲む食中酒は「鄙願《ひがん》」という珍しい名前の越後村上の大吟醸だった。これは菊姫とは打って変わって、大吟醸なのに「岩清水のようにすいすい飲める」感じのお酒。決して料理以上にしゃしゃり出てこないのがいいって、神父さんたち、みんな大喜びでしたよ。

で、最後の食後酒は、日本酒よりもこれを飲ませるべしって届いていたのが「オー・ヘンリー」という麦焼酎の十五年物。神父さま方、本当によく召し上がりました(笑)。

私はもちろん焼酎なんて口にしたことがなかったんだけれど、そのネーミング、その瓶のデザインにすっかり感心して、ちょっとだけなめてみましたが（ああ、これは美味しい……）と思った。

お酒をあんなふうに、食べるものによって食前酒・食中酒・食後酒に分けて飲む。そういう飲み方を初めて教わって、（ああ、父にこうやって飲み分けをさせてあげたかった……）と、ちょっと口惜しい思いでしたね。

# 外国人から一本取る法

昨日、（坂東）玉三郎さんが太鼓を教えるところを見ていたんだけれど、大変な人ですね、玉三郎さんって。凄いと思う。

「私が芸をお見せするのは、芸の向こう側へ人様をご案内するのが私の役目。演目の向こうへお連れするのが私の役目」

と、玉三郎さん、おっしゃってたけど、だからあの方の演じるものって、観ていて連れて行かれるところが違うわね、他の役者と。私、とってもよくわかるの、演目の向こうって。

もう一人、私が一目置くのは花道家の川瀬敏郎さん。玉三郎さんも川瀬さんも、二人とも六十代半ばかと思うけど、このお二人は私たち日本人が胸を張って外国に出せる芸術家に入るわね。このお二人なら外国相手でも遜色ない。

何につけ、日本ではそれなり、ともてはやされていても、いざ外国人と真っ向から張り合うとなると、急に萎縮してしまったり……そういう人が少なくないのが情けない。

私もね、負けてたまるかと思うから、外国人相手に何かしなきゃならないときは、私なりに作戦を練るのよ。どこで、どうやって一本取るかって。相手ごとに、国情に応じて作戦を考えるの。

何年か前になるけど、「ドイツにおける日本年」のとき、日本の食文化を紹介してくださいって、向こうの独日協会から招待されたんですよ。そのときは、行く航空機の中で、プランをまとめた。ドイツ人は哲学の大好きな国民だから、哲学的な切り口で行こうと考えた。

で、どういう話にしたかというと、道元と利休を引っ張り出してきて、向こうの修道院の料理人や料理に対する考え方と、道元の料理に対する根本姿勢とを対比させて話を展開したわけ。

向こうじゃ修道士さんて、修道院のお母さん役をなさる方とでもいうのかしら。神父（司祭）さんはファーザーで、いつでも台所仕事をしている修道士さんは、ブラザーと呼ばれるの。大事な台所を任されるのだから、立派なお役目です。

一方、神父さんともなると、ひたすら勉強〳〵で料理や台所仕事には一切かかわらない。どうもこのあたりが彼らの弱みだから、よし、これで行こうと、道元の料理に対する考え方から禅寺の典座《てんぞ》の話をしたのよ。

禅寺では、日常の仕事すべてが即修行でしょう。朝起きたときから夜床に就くまで、一挙手一投足すべてが修行。その中でも「料理」は全山の修行僧の健全な肉体と精神を司るものとして、最も重視されているわけです。

かの越前・永平寺を創建した日本曹洞宗の開祖・道元禅師がおっしゃるには、

「六味《ろくみ》精《くわ》しからず、三徳給《さんとくそなわ》らざるは、典座の衆に奉《ぶ》する所以《ゆえん》に非ず」

これが料理と料理人の根本だということですよ。六味というのは、「苦酸甘辛鹹《くさんかんしんかん》淡《たん》」、三徳は「軽軟《けいなん》・浄潔《じょうけつ》・如法《にょほう》」。わかりやすくいえば、物の持ち味を生かし、煮炊きは物の性質をよく考えてせよ、万事清潔であれ、つねに料理法の研究を怠るなかれ、ということ。それがきちんとできない人間は典座という料理長を務める資格がない、と道元はいっているのです。

典座というのは司厨長でしょ。元来が貧寒でお金に縁のない禅院では、乏しい財源と限られた材料を目一杯に活用して、簡素ながらも万全の栄養を補給し、心身ともに剛健な修行者をつくる。これが典座の役目ですからね。だれにでも務まるというものじゃないのよ。

だから、禅寺で六つの大役を務める六知事の中でも、最も重要な役目として、特に高徳の老僧が典座に選ばれることになっている。

そういう話をするとね、修道院のブラザーとはあまりにも違う典座の存在に、ドイツ人はただ、どう考えていいかわからなかったみたいよ。もうびっくりしたありさまでした。二の句が継げない様子（笑）。

それから利休の茶の湯に話を転じて、だれでも聴きかじっている「一期一会」とか「和敬清寂」ということについて、あれはお茶の人たちも間違っていると話した。一期一会というのは一つの心得であって、お茶の精神ではないし、哲学でもない。一期一会が表現としてあらわれた場合に、その一座を形容するのが和敬清寂ですからね。

縁あって茶席に寄り合った何人かが、亭主の点前を中心に、主客一体となった茶境を創り出す――これがそもそもの茶の湯の目的でしょう。それが「一座建立《こんりゅう》」ということ。そこでは亭主と客とが心を一つにして、緊迫しながらしかも和んだ、精神的な一体感を実現している。いわば心の桃源郷です。

かくのごとき一座建立こそが茶の湯の要諦であるという利休の言葉を持ち出して、とりわけ雪月花を三友として自然に寄り添い、自然にとけ込んで生きるのが私たち日本人であり、そこに育まれたのが日本の食文化なのでございます……と、まあこんなふうに話をしたら、シーンとしていた。見事にいいくるめたわけよ（笑）。外国人相手にしたら、必ずこうして一本もらうんですね。

日本で国際婦人会が催されるとね、集まるのは皆さんダイヤモンドとサファイアの女性ばっかり。みんな各国の大公使館の奥様ですよ。こういう女性たちに日本食を紹介してどうなるか。どうにもならないでしょう、絶対に私の話を聞いて採り入れるはずないんだから。そこで私は考えた。何であの人たちを和食に開眼させるべきかと。

で、きちんと一番出汁をひいて、それでブイヤベースを作ったんですよ。一番出汁ひいて、香味野菜を順に入れて、そうやって私流に仕立てていくと、だれでもこれがブイヤベースと思い込んでいるものとは全く別の、くせのない、品のいいベー

一番だしを使ったブイヤベース

スができる。

そこへ蛤を入れて、それから鮎並《あいなめ》の骨切りをして葛叩きにして湯引いて、海老は海老でちゃんとしんじょうにして、その三品を入れてね、「どうぞ、これが日本の出汁によるブイヤベースでございます」。これに百合根のコキールを添えて出したら、みんなもう一言もなしよ。完全な私の作戦勝ち（笑）。

こういうふうにして日本人ならではの伝統的な食べ方を国際社会に紹介することは、あまりだれもやっていないけれど、非常に大事なことだと私は思う。

鰹節なんていまでは日本人でさえ自分で削って使う人が珍しくなっちゃったけれど、これは日本が世界に誇るべき食文化の傑作ですよ。あんなにインスタントでひけるスープの素なんて、世界中探したって他にないんだから、もっと世界に広めたらどんなに喜ばれるかと思う。

近頃は日本でもトリュフ、トリュフってありがたがって、物凄く高いものを買わされていますけれど、トリュフに飛びつく前に、どうして椎茸のことをちゃんと考えないのかしらね。

椎茸には「異臭を取り去る」という凄い力があるんですよ。あらゆる異臭をやわらげるの。だからコンソメひくときに椎茸は不可欠。椎茸を入れると動物臭が消える。椎茸じゃないとだめなのよ。

でも、だれも気がつかないのか、そのことをいう人がいないのが不思議ね。いつだったか日本で唯一の鳥取の菌類研究所に行ったとき、私はこのように椎茸を使っておりますけれどって申し上げたら、「ええっ、それは気がつきませんでした」って、びっくりしてた。本当に異臭をやわらげる椎茸の力って凄いんですよ。だから煮干しの出汁ひくときなんか必ず椎茸を入れる。

辰巳芳子式いりこだしというのがあって、「潮《うしお》の宝《たから》」という名前で世に出ているんだけれど、これは瀬戸内海で漁《と》れた片口いわしを粉にして、それに原木椎茸の粉末を混ぜてある。

パックになっているから、水に昆布とこれを一袋入れて一時間ほどおき、弱火にかけて煮えがついたら三分。これで文句なしの出汁ができますよ。味噌汁や煮物、おでんはもちろん、ブイヤベースだってこれを使えば簡単にプロも納得する味になること保証付き（笑）。

だけど、煮干しだって、一番良い伊吹島のは、ある年はまるで漁れなかったのね。

水温が高くなって片口いわしが全部海の底に潜っちゃって動かない。そのために余計な脂が乗ってしまって、煮干しにならなかった。

そういうことがあるから、何とかいまあるもので生き延びていかなきゃならない。いつ食い詰めることになるかわからないから。他所《よそ》から買えば済むって問題じゃないのよ。お前さんのところへはもう売れないよってなったらおしまいだもの。

人間、自分でちゃんと食べていない人がどんな高説唱えても、そいつのいうことなんかだれも聞かないでしょう。国際間でも一緒だと思う。自分で食ってない国の発言権なんて、これからまったくなくなるでしょう。

いま日本がまさにその危機にある。食糧自給率が四割を切ったなんて、断じてあってはならない大変なことですよ。それなのに、いまの日本の政治家ときたらねえ……。

諸外国ではね、食べものも、水も、戦略的な重要素材と考えているわけよ、いざ戦争というときの道具として。そういう点で日本人は無防備過ぎるというか、お人よしというか、危機感が乏し過ぎるところがあるわね。

だから私の「大豆100粒運動」の狙いは、本当はとっても深いんです。子供たちに

「大豆 100 粒運動」に参加した小学生たちから著者に寄せられた手紙

大豆を作ってもらって、みんなで給食で大豆食べましょうって、表向きはそう装ってはいるけれど、本当のところはそんなんじゃない。

私が思うに、外国から輸入されている農作物に、収穫後添加されるポストハーヴェスト（農薬）とかいうものは、非常に怪しい感じがする。人体に影響はないことになってても、表沙汰にしないだけで、ああいう薬が人間に及ぼす影響を大々的に研究しているに違いないのよ。

ある民族を劣弱化したままでいさせようとするときは、いろんな手があると思う。日本の政府が、何をどのくらい使っているか、ポストハーヴェストの薬品データを発表しなくなった、あの辺から臭ってきたのね、戦後日本を操ってきた例のあの手だな、と。

じゃあ、人間の身体に及ぼす影響がはっきり示されないレベルのものを口にしないためにはどうしたらいいか。何よりも、傷つきやすい幼い生命である子供たちにそうした食べものを摂らせないためには、とにかく、自分達で安全な食とその知識を育てていくしかないんじゃないか。

それで私は「大豆100粒運動」を始めたんですよ、日本の自衛のために。外国の策略から免れるために。本当の狙いはそこにあるんですよ。

【大豆100粒運動】

国産大豆の復興を願い、将来を担う子供達に手の平一杯分（約百粒）の大豆を蒔いて育て、収穫してもらう運動。生命の尊さ、食物の大切さを実感してもらおうと二〇〇四年長野県から開始。全国に広がりを見せ、学校、保護者、地元農家、大豆加工業者の協力を得て、地域おこしの一翼も担っている。

辰巳邸の春の庭

## 【特別収録対談】辰巳芳子×川瀬敏郎

### スープに近い花

**辰巳**　きょうはお忙しい中を、こんな鎌倉のはずれまでようこそお越しくださいまして、川瀬先生、本当にありがとう。

**川瀬**　こういう暖炉があるお住まいっていいですねえ。火があるというのは人間を穏やかにする。薪は全部こちらのお庭から……？

**辰巳**　そう。枝打ちしますからね。薪買ってなんて、やってられません（笑）。でもね、先生、人間はなぜ火を見ているのって飽きないんでしょうね。

**川瀬**　草花や食べものも含めて、すべて飽きないものは本質的なものですよね。お米をその筆頭に……。

**辰巳**　川瀬先生の最新作『川瀬敏郎一日一花』を拝見して驚きました。驚いたのは川瀬敏郎という方のお花の世界が、まるで別人のように変わったなあと思って。素晴らしいお仕事です。さぞかし大変でございましたでしょうねえ。

**川瀬**　私自身、こんな花を生ける人間になるとは、若いときには思ってもみませんで……。仕事というのは他者との関わりですから、どんどん付け足されて行くんですね、いろんな味が。それに違和感を覚えながらも、昔はそれが喜びでもありました。でも……。

**辰巳**　いまはご自分が自然そのものになろうとしておられるから余計なものは一切いらないんですよ。前書きに、川瀬先生はこう書いていらっしゃる。

――草木になかば埋もれるような暮しのなかから生れたなげいれは、素の花です。人為を加えず、草木花のおのずからなる姿をめでる花。（中略）素とは、引くことも足すこともできないものです。一年間三六六日つづけた「一日一花」で、私がこころがけたのは、素の花といういわばぎりぎりの姿に、自分のいける花が、人為を尽くしつつ、それでも近づくことができるだろうか、ということでした。

　この『一日一花』で、川瀬敏郎は単なる華道家の域を超えて、限りなく〝素の人間〟に近づいたと私は思います。そのことに驚き、感動したのでございます。

## スープとは何か

**川瀬**　この『一日一花』は、辰巳先生のお仕事にたとえると、お料理というよりスープに近い花と自分では思っています。

**辰巳**　うん、そうかもしれないね。

**川瀬**　エッセンスだけを自然の中からすくい上げる、とでもいいますか……。

**辰巳**　それがスープです。スープというのは食材が持っている一番いいところを、静かーにもらって集めてしまうもの。特に煎じて作るものはね。すべての食べものの中で、最も洗練された、人間でないとやらない、人間でないとやれない仕事かもしれない。人間以外の生物は手に入れた食材のいいところも悪いところも一緒に食べてしまうわけだから。

**川瀬**　辰巳先生の〝いのちのスープ〟をお手本にして、うちでけんちん汁に挑戦して改めて思い知らされたのですが、もう、先生のは世にいうけんちん汁じゃないんですね。雑味がないというか、俗なものがすべて昇華されて、ただ清浄なるものが喉を滑って行く。

**辰巳**　お寺さんがお作りになるけんちん汁は、私にいわせると、いただきにくいの。野菜のアクが全部出ちゃってるから。それでイタリアのスープ名人に習って、ミネストローネのテクニックで私流に作り直したのよ。

**川瀬**　けんちん汁の大本は中国で、それが日本の禅寺の精進料理になって、さらにそれが辰巳流のヨーロッパの知恵を活用した、グローバルなお料理になったわけですね。

**辰巳**　具体的にいうとね、玉葱が半分くらい柔らかくならないと、人参やセロリを入れない。完全に玉葱の嫌味を蒸らし炒めで消しおさめて、それから次の野菜を入れて行く。じゃがいもが最後だけど、それまでに人参もセロリも七分通り柔らかくなってる。そういう注意深さで作って行くから、仕上がった味が清らかに透き通っているのね。私の母は相当な国粋主義者だったけど、私のけんちん汁を一度食べてからは、「これからうちのけんちん汁はこれに変えましょう」って（笑）。

**川瀬**　花でも何種類もの花を組み合わせるときって、同じような感覚かもしれません。いろいろ入れて行くうちに、本体の味は消えてしまう。だから、侘び茶の花は一種類ですよね、基本的に。しかし、人間は混ぜる、組み合わせるという能力も持っているわけで、それを失くすとつまらない。

**辰巳**　私ね、人間と人間の関係にも同じことがいえると思うのよ。それぞれに違う「個」が大事だけれど、お互いに理解のされかたによって、個を超えたかけがえのない社会ができてくると思いますね。

## だれかのために

**川瀬**　本の「あとがき」にも書きましたが、この『一日一花』は東日本大震災がきっかけでした。被災地の遅い春の大地に草が萌え、花が咲き、その花をながめる人々の無心の笑顔をテレビのニュースで見たとき、むしょうに花が生けたくなって『一日一花』が始まったのです。生者死者にかかわらず、毎日だれかのために、この国の「たましいの記憶」である草木花を奉り、届けたいという思いで。

**辰巳**　お花でもお料理でも、自分のためにというのは一番難しいと思う。だれかのためにとなると手は自然に動くのよ。

**川瀬**　私はこの本の中で、「これは辰巳先生のために……」と思いながら生けた花がいくつかあるんですよ。

**辰巳**　あらあら、それはたいへん。

**川瀬**　だれかのために、ということがなかったら、花は一本たりとも動きません。もちろんプロだからそれなりの形だけはできますが、形を超えた向こうにあるものを表現することはできません。

**辰巳**　そうおっしゃるところがね、お若い頃と現在《いま》の川瀬先生との違いですよ。むかしの先生のお花はひとえにね、なんていうか、ありったけ、盛りだくさん、という表現でしたからね。

**川瀬**　いまの自分から見たら、まるで別の人間がやったように思います（笑）。ところで辰巳先生ご自身も、若い頃からお花を？

**辰巳**　女学校時代にお茶とお花をね、少々。お花は岡田広山先生でした。

**川瀬**　ああ、そうでした、広山流ですよね、聖心は。

**辰巳**　とにかく毎日、お花なしに暮らすということは考えられないわね。私は自分の食事ではそんなに自分の味覚を甘やかさないの。突然ヨーロッパ人みたいになって毎日同じものでも平気。でも、そういうときでも毎日必ず花は生けるんです。庭から何かしら見つけてきて。花がなければコップに草一本でも。

**川瀬**　そういう辰巳先生から、この『一日一花』をおほめいただけたとは、私としてはこんなにうれしいことはありません。

**辰巳**　この本は外国で売れるんじゃないかな。

**川瀬**　私自身がどちらかというと外国人みたいなところがありますので。でも、その私にいわせれば、辰巳芳子という方も日本人じゃないなと思うところがありますね（笑）。

**辰巳**　そうなの。だから気をつけてる（笑）。

**川瀬**　私は二十代でパリへ行って、そのまま永住しようかと思ったくらいですから、いまでも日本というものを見るときに、どこか違う視点がある気がするんです。そうじゃなかったらナントカ流のいけばな屋で終わっていたろうと思います。

**辰巳**　私、自分の中の何が日本的じゃないのか、よくわからないけど、日本の社会に通用するように生きている自分には気付いているの。

**川瀬**　私の場合は〝絶対的個〟というものが欲しい人間だったからヨーロッパへ行

ったんだと思いますね。これはいまもそうです。

## 美意識を磨くために

**辰巳**　ところで川瀬先生がお花というものを教えるときに、特に心がけていることが何かありますか？

**川瀬**　最近は教えるときに、縦糸的なことはあんまりいわないようにしているんです。つまり日本の花はこうです、というようなことをいってしまうと、皆さん何かわかった気になって、花が形式的になってしまう。それよりも日々何でもないこととして花を生け続けるほうが凄いことですので……。

**辰巳**　ほんとにそう。そのことにみんな気がつかなきゃいけないね。

**川瀬**　ヨーロッパなんかの暮らしの豊かさというのはそれでしょうね。日々の中にこそハレがあるというか、何でもない普段の暮らしを大切にする。日本人はどうもその逆で、ハレの日だけが特別で、日々はぞんざいですから。

**辰巳**　おっしゃる通りです。そういうことを改めて考えるためにも、この非常に洗練された『一日一花』という御本は貴重ですね。美はどのようにして追求するものか、この御本から少しずつ見えてくるんじゃないかしら。喜怒哀楽を心の底まで落とさず、その手前で止める——これが日本人にはなかなかできないのよね、武士《さむらい》としての精神的訓練がなくなった現代では。そういう点からいっても、情に溺れずに美の真髄を探り続けたこの『一日一花』は、極めて珍しい知的なお花の本だと思います。

**川瀬**　情感に溺れた花は饒舌になってしまうんですね。私自身はそういう饒舌な部分は極力切り捨てたいと思う人間なんです。

＊月刊誌『波』(小社)二〇一三年一月号掲載の対談を再編集しました(編集部)。

# 学校給食を何とかしなきゃね

私、去年、食生活調査というのをしたんですよ。各自治体に対して、二十歳から六十歳までの、そこで働いている人たちの。追っかけで何か調べたいときに、そういうデータがあると調べやすいでしょう。

で、「一週間分、朝昼晩」を書いてもらった。食べたもの、食べたいもの、食べねばならないもの、と三種類に分けてね。そうすると、書き手としては、われながら落差がわかるじゃないですか。

ついでに、自分のどういうことが原因でこれだけの落差が出るのか、っていうことも書き込んでもらったんですよ。年齢と収入も書いてもらった。その食生活調査で私はほとんど呆然。頭を抱えました。一週間のうち、おみおつけを食べている人が数えるぐらい、おひたしもなかなか出てこない。野菜の煮っころがしなんて、ほぼ皆無ね。

この間、大阪で緩和医療に従事している人から、私に話をききたいという申し入れがあったの。総勢二百五十人、お医者、看護師、調理師、栄養士、その他。食というものについて「かくあらねばならない」ということをよく知っている、知っていなければならない人たちですよ。

その方たちにも私は尋いたんですね、煮干しで出汁を引く方、って。そうしたら二百五十人中、四名だった。だからもう日本人の食生活の崩壊、これ、お金のあるなしじゃないわね、教養のあるなしじゃないわね。

もうじき学校給食に携わる人にお話をしなきゃならないんで、当の学校から一週間分の献立をもらったんですね。見てびっくり。お味噌汁が一回も出てこない。それから煮干しを使っている学校は一校もなし。鰹節はパッと出汁が引けるから、まだ使っているところがある。昆布も一校あったかな。これが現実。

だからね、小学生の健康診断で、男子の四十四パーセントが生活習慣病予備軍、女子も四十一パーセントが生活習慣病予備軍。当然、そういう結果が出てくる。

もっと大変と思うことは、最近、男性の精子を調べたら、何と半分以上が奇形。

私、これは一大事だと思う。不妊ならまだいいと思うのよ。精子の奇形となると、これは国が滅びちゃうわね。

食べものって国の存亡に関わる。というより食べものが国の根幹なんですよ。

大塚貢先生という方がいらして、長野県真田町の教育長をなさった方で、手がつけられないほど荒れた中高を建て直したんですよ。

校舎の中をオートバイでかけずりまわる。万引きはする。まったく手がつけられない。で、あるとき体育祭だか何かがあって、先生はその日の子供たちのお弁当を見て、荒れている子供たちの日頃の食事を調べようと思った。調べてみたら、彼らはほとんど朝飯を食べていない。昼もコンビニの弁当。夜もまたコンビニで買ってくる既製品。

夜、コンビニ弁当食べてから次の日の昼まで何も食べないから、心も落ち着かないし、頭のほうにも栄養が回らない。これじゃあ、やっちゃいけないことやっちゃうわけね。コンビニのお弁当を一概に否定はしませんが、材料表示のところを見ると、いろんな化学方程式の添加物が入っている。それって、脳の前頭葉に影響があるって。

それで大塚先生は結局、自分のところの公立学校の給食を変えるのね。ご飯には発芽玄米を混ぜ、おかずはお魚と野菜を主体にした給食に変えた。そうして、給食でたっぷり食べさせた。そうしたら段々と、煙草は吸わない、オートバイで校内を走り回らない、万引きはしない。

勉強のほうの成績も上がってきて、普通の子になったのよ、全員。さらには、子供たちがいい子になったら、真田町の犯罪も全部なくなった。アトピーもアレルギーも町から消えた。学校給食を変えただけで、それだけ劇的に変わったの。これは本当の話よ。いかに食べるものが大事かということです。

福井県の若狭でもね、信州の真田町の話を聞いて、自分たちのところには良い魚がいっぱいあるんだから、学校給食に地元の産品の代表である魚をもっと活用しよう、と。そうしたら、いろんな学校対抗のコンクールに出て、勉強でもスポーツでも全部トップに躍進したって。そんなに変わっちゃうんですよ。

学校給食の献立をしげしげと見ますとね、こんなものでいいのかなあと背筋が寒くなります。お魚なら一番多いときでわずか六十グラムですよ。肉は豚か鶏で、それもちゃんと形のある切り身なんて、まずない。たったの二〜三十グラムをカレーに入れたり、何かでとじたり。

すべての野菜は細かく刻んで、わずかな蛋白質と一緒にしてご飯にかけたり、混ぜご飯にしたりして、結局、全部ごちゃごちゃしたものばっかり。これで味覚なんて育つはずがありません。

単一の食材で、夏だったら南瓜の味、茄子の味、隠元の味を、きちんと子供たちに教えてもらいたいけど、現実にはお母さんたち自身が何もわからないんだから、もうお手上げだわねぇ……。

私が恐れているのは、この時代、「食べていいものが減っていく」ということです。あと十年もしたらどうなることか。何しろ色んな食材をちゃんと食べている人が少ない。

ろくに食べていない人は食材を選ぶ目が養われていないから、そこに食べられるものがあっても、これをどうしようっていう頭の働きがない。つまりは食べるものがないのと同じことになる。

そうすると、食いっぱぐれる人がいっぱい出てくると思うの、私は。お金がないから食いっぱぐれるのではなく、食材を知らず食べ方を知らないから食いっぱぐれる、という意味です。何しろ給食リストを見ると、肉がせいぜい二十グラムから三十グラム。五十グラムはもらっていない国ですからね、この日本は。

動物の骨の栄養とか筋の栄養とか、いわゆるヒレだのロースだのという肉以外の動物の力をどう摂取するか、日本人はその方法を知らない。たとえばスペアリブで、骨付きでもって塩をしておいて、それを柔らかく炊いて食べていくと、骨の力もみんな余す所なくもらえるわけでしょう。外国ではそういう骨付きスープ作るのが当たり前ですからね。

悲しいかな、まだ日本には、そういう食べ方はまったくないに等しい。これは由々しきことですよ。骨付き肉は使わなくても煮干は毎日たっぷり使っているというならまだしも、煮干しさえほとんど与えていない。牛乳を飲ませているから、帳尻だけは合うのよ。

その結果として、日本人はみんな意志が弱くなってしまったと思う。物事をやり遂げるだけの強い精神の力を持っていないと思います。

世の中ここまで来ちゃっているのを、どこから手をつけて改革するかっていうと、学校給食なんか本当は一番いいわけだけれど、そもそも給食がどういうものでなければいけないのか、その基本さえ行政がわかっていない。これが最大の問題です。行政が全部それを取り仕切っている地方ほどダメですね。行政は全部均一の献立でないと気が済まないのよ。おかしいでしょう、これ。で、給食業者に丸投げして、給食屋が作ったものを学校に押しつけているのが現状です。

給食ってね、学校の環境がそれぞれ風土によって違うんだから、土地ごとに学校給食も違って当たり前でしょう。で、土地ごとに自慢の伝統的な食材や料理法があるんだから、そういう土地の個性を生かした給食は、その気さえあれば十分に可能で、「これがうちの給食だ、どうだ！」って胸を張って、みんなが誇り合うのが正しい姿だと思うんですね。

肉や魚の蛋白質が二十グラムや三十グラムではねぇ。これで育ち盛りの子供たちが大丈夫なのか、ちょっとでもそのことを考えたら私ならせめて豆を使って、大豆蛋白質をせいぜい活用して予算の足りないところを補うべきだと思うんだけど、たまに大豆カレーなんて献立にあっても、やっと大豆十グラムだからねぇ。

話は変わりますが、ある有名なサッカーの監督、日本を指導してくれた人なんだけれど、その人がこういったの。

「日本選手に足らないところは、試合に向けて何を食べたら良いかを知らないことだ」

いまや日本のサッカーも技術的には相当進歩して、国際的なレベルに達しつつあるけれども、九十分間ひたすら走り続けてくたびれを知らず、闘争心も途切れないためには、何より〝食べ方〟を知らなきゃダメだ、といってるんですよ。

私ね、スペインで学校給食をまかなうところを見せてもらったことがあるの。台所で私が見たのは「一人に鶏もも一枚」ですよ。その上、お三時に出るのは、バゲットにハムをたっぷり入れたもの。

街で遊んでいる子供たちを見たら、遊んでる途中で、生ハム挟んだバゲットをどっかの階段に腰かけて食べてた。それを見て、ああ日本の子供たちはあまりにも与えられるものが少な過ぎる、と思ったわね。これじゃあ、いつまで経ってもスペインはサッカー世界一で、日本は足許にも及ばないだろうなぁ、って。

もう一つ、スペインで印象に残っていることをお話ししましょう。

いつもスペインへ行くたびに車で走る街道があるのね。そこにガソリンスタンドがあって、小さいながら食堂もあるの。主に街道筋を往来する運転手たちが食べるのね。

彼らが食べるのを見ていると、まずは直径三、四十センチはあるお皿からはみ出すぐらい、野菜の煮たものをもらうんですよ。隠元とじゃがいもの煮たのとか、あと何があったかなぁ……とにかく本当にそれ全部一人で食べるの、と呆れるぐらい山盛りの野菜を食べて、それから鶏を半羽ぐらいもらってペロリ。だからみんなお腹出てるけれど（笑）、そのあとデザートに大きく切ったメロンを二切れ。これがガソリンスタンドの食堂の定番なんだからねぇ、考えなくちゃねぇ、日本人は。

いつだったか、北海道の経済連の副会長さんです。お祖父さんがいらしたんですよ。本業は新聞屋さん。「十勝毎日新聞」の会長さんです。お祖父さんが創業した新聞社を大切に守り育てた人で、いろんなことをよく知っていらっしゃるから、経済連の要職に引っぱり出されたんですね。

その副会長さんに若い子がついてきたの。その子がなかなかしっかり者で役に立つんですよ（笑）。私、年中、彼に宿題を与えてしまうわけ。帯広の小中学校の一週間分の給食の献立を集めて送ってちょうだい、とか、十勝の主たる産物の品目と産業と将来性とかを調査して、そのデータをまとめて送ってちょうだい、とかね。

その反応の速いこと！　やっぱり新聞の人たちはスピードがあって、県庁の役人なんかとは天地の差ね。県庁の役人はいくら頼んでもほとんど動こうともしない。

先日、神奈川県下の小中高の一週間ぐらいの給食の献立を送ってもらったの。そのとき、「知事にも送ってください」って頼んだんだけど、送らないの。で、あなたたちはあれをご覧になってただそれきりですか、あれを精査して学校給食のどこをどう改良するかって、そのことに対する目安ぐらいはつけたんですか、と尋いた。何もやってない。

ついには、こう開き直ったの。「給食の蛋白質の量は国が決めたものである。国が決めたものだから、われわれ県の行政がとやかくいう必要はない」

じゃあ、国が決めたこと、国がすることは何でも全部正しいんですかって私は反問したいわけ。二十グラムの豚肉、三十グラムの鶏肉、五十グラムの魚肉、こんなもので午前中の勉強の消耗を補い、午後から元気で遊べるでしょうかって。

私は「いじめ」の問題も、突き詰めて原因を考えれば、結局「食べ足らない」ところから起こっていると思います。それでよしと平然としている日本の政府がわからないわね、私は。

神奈川県の学校給食については、私はあらかじめ一計を案じましてね、頼まれた講演会をする前に知事――元フジテレビキャスターだった黒岩祐治知事にお目にかかりたいって、アポイントを取っちゃったの。

で、知事は「地産地消」ということを考えていらっしゃるが、私が思うにあれこれバラバラにあちこち売るんじゃなくて、産物全体をスーッと学校給食のパイプにつなぐのが、一番骨が折れなくて地産地消がなだらかに行くことではないでしょうかっていったの。

そうしたら知事は、「なるほど、まことにその通りである」と気付いたのね。「ああ、ぼくはいまだかつて給食と地産地消を結びつけて考えたことがなかった」って。それで、「これから積極的に考えて学校給食を改革します」って、その場で公言した。そこに私が連れていったNHKもいたんですよ（笑）。

もともとマスメディアの出身の知事は、メディアの力をよく知っているから、NHKの前で公言した以上、もうあとには退けない。講演会の当日にも、もちろんNHKを呼んであったから、ついに知事は公式に、学校給食改革をそこで宣言したわけです。

そこまでは、私の計画、大成功だったけれども、でもね、考えてみると神奈川県って給食に使えるような魚はとれないんです。こんなちっちゃい小魚の類は、骨がいっぱいあって危なくて出せない。それをさばいて何かにするっていうのも、技術や人件費の問題があるでしょう。

どうしようもない小魚を、神奈川県の食糧や給食とはまったく無関係のある人がね、パウダーにしたんですよ。何ともいえない代物ができた。やっと腹わただけは取ったらしい、まっ茶色のパウダー。そんなもの食べられたものじゃないわね。

そこで思い出したんだけれども、もう昔々の話ですが私の弟がね、一時期、四国へ転勤になってあちらで暮らしていたの。で、四国にはうまいものが色々あるが、なかでも他所にないうまいものといえばジャコ天だ、と口ぐせのようにいってました、ジャコ天、ジャコ天って。

弟からさんざん聞かされただけで、私はそのジャコ天というもの食べたことがなかったの。で、ある人にジャコ天の話をしたら、すぐに愛媛の八幡浜から「これが昔ながらの本物のジャコ天です」というのを送ってくださったんですよ。

私は勝手に想像してジャコ天は鰯だと思い込んでいましたが、本当にホタルジャコという小魚が原料で、早い話がワタだけ取って頭から骨から全部丸ごと擂り身にして揚げた、骨入りさつま揚げね。

焙って生姜醬油で食べなさいと教わって、食べたら美味しいのよ、これ。白い蒲鉾と違って、およそ見栄えはよくないけどね。

こういうジャコ天みたいな郷土料理の知恵をね、学校給食にも生かしたいと思う。要は頭の使い方次第ですよ。土地それぞれにいくらでも可能性はあるはずよ。

# 食に就いて

もう九十歳になった私が、いまにして思うことはね、人間、五十代なんてまだ人間のことは何もわかっていないな、と。つくづくそう思う。

それというのもね、ずっと父の看病をしていたの、八年間。で、父は二月の十一日に亡くなったんですけど、看病していたときは昼間のまだ暖かい時間に私は行って、食べさせて帰ってくる。

だからね、私がいない時間の部屋の温度とか掛ける布団の具合とか、そういうことの見通しが、あの頃はつかなかった。それで「この布団では暖かすぎるんじゃないの？」って、羽根布団を薄いのに替えちゃったのね。父は「うーん」というだけだった。もう口がきけなかったからね。

で、翌日の昼間行くと「んんんん、ん……」て声を出すから、「あら、お父様、どうしてうんうんいうの、ちょっとみっともないんじゃないの」って私、そんなことをいったような気がする。いまになってやっと気が付いたのは、父が薄い布団に替えられて「寒い、寒い」と訴えていたこと。それに私はちっとも気が付かなかった。

そこが母と私の違いね。母はそういうこと一から十まで本当によく見通せる人だった。持って生まれた温かさと、人への気配りという点で、母ほどの人は二人といなかったと思う。

私のほうは何しろ四十何歳まで病気で、それから後も「この人は弱いから」と庇われてきましたからね、自分が人を気遣うっていうことがなかった。いつも気遣われるばっかり。

母の気遣いの素晴らしさを表わす一例を挙げれば、戦地から父が送ってきた絵葉書を見て「ああ、お蕎麦が食べたいのね。それじゃみんなでお蕎麦が食べられるように」って、すぐさま干し蕎麦と薬味類と〃つゆの素〃を送ったこと。

いまなら何でも「何とかの素」っていうのが市販品にあるけど、昔はそんな便利なものないでしょう。そういう時代に、だれも考えつかない〃蕎麦つゆの素〃を考

戦地の父へ送った写真。左から弟・雄三郎、一雄、母・浜子、著者、愛犬のリリー

え出した。たっぷり鰹節かいて、それをお酒とみりんとお醬油で煎りつけて、「これにお湯をさして煮てくだされば、すぐに美味しい蕎麦つゆになります」と。

珍しいと思うの、こういう人。切羽詰ったときに、いつでもちゃんと切り抜ける方法を思いつくのね。あんまりどうしよう、どうしようって考えなくてパッとやってのける。母はそういう人でしたね。

この頃、いろんなお料理の本にさまざま茄子の食べ方が出てるけど、母がパッと作った「茄子のフライ」を一度でも食べたら、もう他の茄子料理は食べられないぐらい美味しかった。

それと「茄子の焼味噌」ね、母の傑作中の傑作。〝元気の素〟みたいな茄子の食べ方なのよ。生姜とピーマン、ピーマンは種も全部入れたまま細かく切って、青じそも山のように細かく切って、さっと炒める。そこへ荒切りの茄子を入れて炒め合わせ、最後に鍋の縁へ炒めた野菜を押し付けて真ん中に隙間を作って、そこへちょっと油を落として八丁味噌を炒めるんです。

こうして全体を混ぜたらもうバッチリ。味噌を炒めるときにお酒も少々入れていたかな。この茄子の焼味噌はね、夏場に子供たちが味噌汁をいやがって食べたくないといったとき、「それならお味噌汁の代わりにこれをいい食べなさい」って即席に、その場で考え出したのよ。凄いでしょう。やっぱり天才だったわね。

香りのよい茄子の焼味噌、まったく手直しの余地がない完璧な一品ですよ。ぜひご自分で作って試してくださいませ。これを温かいご飯にのせて、海苔で巻いて食べるのよ。頬ぺたが落ちます（笑）。お弁当にもいいし、これでお酒も飲めますからね。で、こういうときいつも「これなら食べられるでしょ」っていうのが母の口ぐせだったわね。

私のことを心底から見抜いていた弟にいわれたことがあるの。「お姉ちゃんって、決して料理が好きな人じゃなかったんだけど」って。これは私自身も認めるのね。母のように「好きで、好きで、しかも天才で」お料理をしていた人とは本質的に違う。

本当は料理がそれほど好きじゃなかった。だから、そこに何かしらの意味や理由を確認しないと出来ない。本質をとことん掘り下げて、やらなければならない理由を自分に納得させないと何も出来ない人間なんですね、私は。

そこで、すべての料理の出発点として「人はなぜ食さねばならぬか」という命題

を十数年考え続けました。そうしてようやく行きついたのは、

「食というものは呼吸と等しく、生命の仕組みに組み込まれている」

ということです。

「生命の仕組み」といったとき、当然そこには実存的な意味合いが含まれます。つまりは単に肉体だけではなくて、魂をも支えるということですね。呼吸しないと死んでしまうように、人は食べなければ生きていけない。これは肉体と魂のレベルにおける厳然たる事実です。すべてはこの事実から始まります。

この「生命の仕組み」というものを、はっきりと科学的に教わったのは、分子生物学者である福岡伸一先生の御本からです。この本を読んで私は興奮を禁じ得ませんでしたね。

それはナチズムから逃れてドイツからアメリカに亡命した科学者ルドルフ・シェーンハイマーの学説を紹介したもので、噛みくだいていうと、食べものというのは単なる「油注《さ》し」ではなく、「食べることによって個体の肉体は、分子レベルで日々刷新される」ということね。

食べることとの意味をシェーンハイマーの学説では「他のいのちの分子をもらって

代謝回転すること」と規定づけているわけです。つまり「生命の仕組み」とは「自分のいのちと他のいのちとの平衡」に他ならず、「食べることは他のいのちとつながること」に他ならないと私は初めて合点したのです。目からうろこが落ちるとはこのことね。

こうして食の根源的な意味がわかってくると、「食を通じて私たちは地球環境の一部として全部つながっている」とわかり、同時に「長い時間軸にわたって私たちは先人と全部つながっている」とわかる。

いまではだれでも、それぞれ自分が「個」として生きているようなつもりでいるけど、それは大きな誤りです。先人のいのちがけの営みのおかげで、私たちはいまこのように食べ、生きて行くことができる。だからね、私たちもこのいのちをより良い方向に進化させて、次の世代に渡していく責任があるということなのよ。つねにそのことを心に刻んで、食べるということに真剣に向かい合ってもらいたい。私が次の世代にいいたいのはそれ一つです。食べること即ち生きることですからね。

いのちというものは、本来、つねにより良き方向を目指しているものです。その「いのちが目指すところ」とは、「生物としてのヒト」が「信・望・愛を秘めた人」

になること、なろうとすること。

ヒトが人になるための条件はいろいろあるでしょうが、欠ければとり返しのつかぬ条件の一つに「食」が厳としてある。だからこそヒトが心すべきことは、いのち（神仏）の慈悲から目をそらさず、愛し愛されることを存在の核にすえ、宇宙・地球、即ち風土と一つになり、その一環を生きること。

「食べもの」をつくり、「食す」ということはこの在り方を尊厳すること。

これが「食に就いて」の私の結論です。

写真協力（撮影　小林庸浩）
文化出版局
（『あなたのために』『ミセス』）

# 食《しょく》に生《い》きて　私《わたし》が大切《たいせつ》に思《おも》うこと


平成二十七年　二　月二十日　発　行
平成二十七年　六　月　五　日　三　刷



著　者／辰《たつ》巳《み》芳《よし》子《こ》



発行者／佐藤隆信
発行所／株式会社新潮社
東京都新宿区矢来町七一
郵便番号一六二-八七一一
電話　編集部（〇三）三二六六-五六一一
　　　読者係（〇三）三二六六-五一一一
http://www.shinchosha.co.jp
印刷所／大日本印刷株式会社
製本所／大口製本印刷株式会社





ISBN978-4-10-339031-2　C0095
価格はカバーに表示してあります。